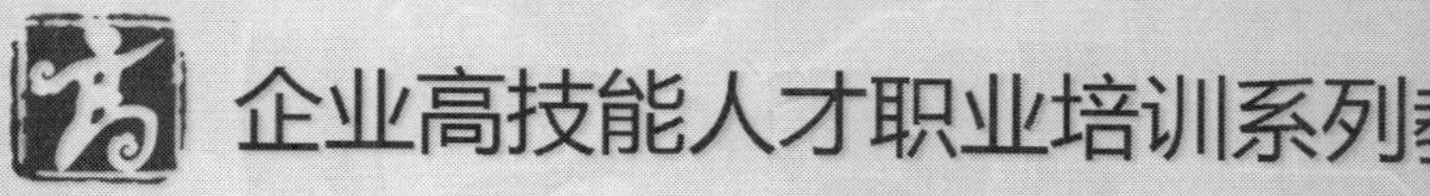

企业高技能人才职业培训系列教材

CHUANBOJIASHIYUAN

船舶驾驶员 环卫（五级）

编审委员会

主　编　梁　超
副主编　倪永红
编　者　（按姓氏笔画排序）
王兆建　叶军明　吕玉澄　吕财玉　刘必胜　孙宏明　吴绍亮　谷　强
张彦敏　陈若沁　陈爱青　欧阳鸿林　范　擎　赵学鹏　胡　震　柳晓林
宣建仁　顾剑峰　蒋　琥　鲁　莹
主　审　卞正龙　丁小宏

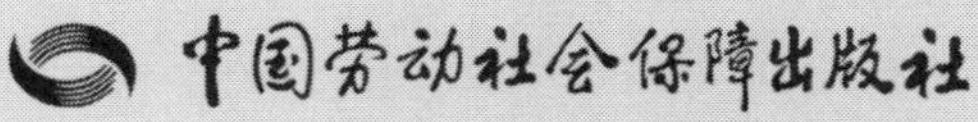
中国劳动社会保障出版社

图书在版编目(CIP)数据

船舶驾驶员：环卫：五级/人力资源和社会保障部教材办公室等组织编写. —北京：中国劳动社会保障出版社，2014

企业高技能人才职业培训系列教材

ISBN 978-7-5167-1479-9

Ⅰ.①船… Ⅱ.①人… Ⅲ.①船舶驾驶-驾驶员-技术培训-教材 Ⅳ.①U675

中国版本图书馆 CIP 数据核字(2014)第 259568 号

中国劳动社会保障出版社出版发行

(北京市惠新东街1号 邮政编码：100029)

*

三河市华骏印务包装有限公司印刷装订 新华书店经销

787毫米×1092毫米 16开本 13印张 215千字

2014年11月第1版 2014年11月第1次印刷

定价：31.00元

读者服务部电话：(010) 64929211/64921644/84643933

发行部电话：(010) 64961894

出版社网址：http://www.class.com.cn

内容简介

本教材由人力资源和社会保障部教材办公室、中国就业培训技术指导中心上海分中心、上海市职业技能鉴定中心、上海市城市建设投资开发总公司依据船舶驾驶员（环卫）（五级）职业技能鉴定细目组织编写。教材从强化培养操作技能，掌握实用技术的角度出发，较好地体现了当前最新的实用知识与操作技术，对于提高从业人员基本素质，掌握船舶驾驶员（环卫）（五级）的核心知识与技能有直接的帮助和指导作用。

本教材以既注重理论知识的掌握，又突出操作技能的培养，实现了培训教育与职业技能鉴定考核的有效对接，形成一套完整的船舶驾驶员（环卫）培训体系。本教材内容共分为8章，主要包括：职业与职业道德、船舶设备知识、船舶维护、避碰与信号、船舶操纵、航道与引航、环境卫生船舶作业、船舶管理与安全应急等。另外，本书附有理论知识、操作技能考试模拟试卷及参考答案，供读者及时检验自己对知识及技能的掌握情况。

本教材可作为船舶驾驶员（环卫）（五级）职业技能培训与鉴定考核教材，也可供本职业从业人员培训使用，全国中、高等职业技术院校相关专业师生也可以参考使用。

企业技能人才是我国人才队伍的重要组成部分，是推动经济社会发展的重要力量。加强企业技能人才队伍建设，是增强企业核心竞争力、推动产业转型升级和提升企业创新能力的内在要求，是加快经济发展方式转变、促进产业结构调整的有效手段，是劳动者实现素质就业、稳定就业、体面就业的重要途径，也是深入实施人才强国战略和科教兴国战略、建设人力资源强国的重要内容。

国务院办公厅在《关于加强企业技能人才队伍建设的意见》中指出，当前和今后一个时期，企业技能人才队伍建设的主要任务是：充分发挥企业主体作用，健全企业职工培训制度，完善企业技能人才培养、评价和激励的政策措施，建设技能精湛、素质优良、结构合理的企业技能人才队伍，在企业中初步形成初级、中级、高级技能劳动者队伍梯次发展和比例结构基本合理的格局，使技能人才规模、结构、素质更好地满足产业结构优化升级和企业发展需求。

高技能人才是企业技术工人队伍的核心骨干和优秀代表，在加快产业优化升级、推动技术创新和科技成果转化等方面具有不可替代的重要作用。为促进高技能人才培训、评价、使用、激励等各项工作的开展，上海市人力资源和社会保障局在推进企业高技能人才培训资源优化配置、完善高技能人才考核评价体系等方面做了积极的探索和尝试，积累了丰富而宝贵的经验。企业高技能人才培养的主要目标是三级（高级）、二级（技师）、一级（高级技师）等，考虑到企业高技能人才培养的实际情况，除一部分在岗培养并已达到高技能人才水平外，还有较大一批人员需要从基础技能水平培养起。为此，上海市将企业特有职业的五级（初级）、四级（中级）作为高技能人才培养的基础阶段一并列入企业高技能人才培养评价工作的总体框架内，以此进一步加大企业高技能人才培养工作力度，提高企业高技能人才培养效果，更好地实现高技能人才培养的总体目标。

为配合上海市企业高技能人才培养评价工作的开展，人力资源和社会保障部教材办公室、中国就业培训技术指导中心上海分中心、上海市职业技能鉴定中心联合组织有关行业和企业的专家、技术人员，共同编写了企业高技能人才职业培训系列教材。本教材是系列教材中的一种，由上海环境实业有限公司负责具体编写工作。

企业高技能人才职业培训系列教材聘请上海市相关行业和企业的专家参与教材编审工作，以“能力本位”为指导思想，以先进性、实用性、适用性为编写原则，内容涵盖该职业的职业功能、工作内容的技能要求和专业知识要求，并结合企业生产和技能人才培养的实际需求，充分反映了当前从事职业活动所需要的核心知识与技能。教材可为全国其他省、市、自治区开展企业高技能人才培养工作，以及相关职业培训和鉴定考核提供借鉴或参考。

新教材的编写是一项探索性工作，由于时间紧迫，不足之处在所难免，欢迎各使用单位及个人对教材提出宝贵意见和建议，以便教材修订时补充更正。

企业高技能人才职业培训系列教材
编审委员会

第1章　职业与职业道德

第2章　船舶设备知识

第3章　船舶维护

第6章 航道与引航

第7章 环境卫生船舶作业

第1章

职业与职业道德

1.1 职业

1.2 职业道德

知识要求

1.1 职业

1.1.1 行业概况

随着城市发展，日均产生的生活垃圾也日益增加。这些垃圾的及时清理关乎着市民的生活质量，更关乎城市的形象。随着市民环境意识和对环境质量要求的提升，生活垃圾是否可以实现高效、环保的清运已成为一个重要的民生问题。船舶驾驶员（环卫）从事着水上运输和水上环境卫生作业船只的驾驶，确保了城市垃圾日产日清和城市水域环境卫生整洁。

1. 水上运输

环卫行业水上运输从公共环境卫生服务的社会公益性、环卫行业水上运输的流程、政府要求和市民的需求或期望的本身有关等固有特性来看，水上运输有以下特性：

（1）及时性。每日城市生活废弃物的收集、清运、处置过程是环环衔接的，各个过程在时间上衔接具有协调性和统一性要求，以确保市区的生活废弃物不堆积，粪便不满溢，及时清运。

（2）规范性。水上运输过程中发生的问题，需待船舶起航后才能显现。因此水上运输必须实行规范化管理：船员须经专业培训，并经资格水平考核合格方可上岗（特殊工种须持证上岗）；船舶须经船检部门检验合格方可投入运营，并保持适航状态，同时必须满足法律法规的要求；水上运输服务人员应规范用语、礼貌待人、热情周到，提供优质服务。

（3）公益性。城市生活废弃物是环卫水上运输的主要货源，生活废弃物的特性，决定了运输服务的公益性。生活废弃物的及时清运关系到城市的千家万户，水上运输服务既要关注环境效益、经济效益，更要关注社会效益，确保城市环境公共安全运营。

（4）安全性。水上运输受到风、雨、雾、雪天气及潮流、航道等自然条件的制约，同时受到船舶的适航状态和船员技术素质等因素影响，因此必须确保船员、船舶及货物安全，这是上海城市生活废弃物及时清运的一个重要保证。

（5）环保性。城市生活废弃物在运输过程中，易产生扬尘、异味、渗沥水、蚊蝇等二次环境污染。废弃物水上运输应采取密封化，以控制废弃物飞扬和异味散发；及时喷洒灭蝇药，抑制蚊蝇滋生；集中回收船舱内的渗沥水，进行处理，达标排放，防止污染水域。

（6）经济性。同铁路、公路、航空、管道运输相比，水上运输具有运费低、运量大、效率高的特点，经济性最佳。

（7）服务性。水上运输与市民密切相关，“清洁城市、造福人民”是市容环卫行业的宗旨。因此，水上运输服务，以“为全市人民提供良好的服务”为己任。

以上海为例，随着城市规模不断扩大，生活废弃物不断增量，日产万余吨，其中70%经水路运往生活废弃物卫生填埋场处置，以确保市区生活废弃物日产日清，树立上海国际化大都市形象。

水上运输是连接市区的生活废弃物收集点与郊区生活废弃物卫生填埋点的桥梁。总体来说，水上运输的作用就是清洁城市，确保市容市貌亮丽。

2. 水域环境卫生作业

水域环境卫生作业包括：使用水域环境卫生作业船及专用设备清除、收集各类船舶、码头和沿岸单位产生的废弃物，清除、打捞水面漂浮废弃物和水面溢油油污及进行城市生活垃圾的水上运输和装卸作业等。

水域环境卫生作业是以水域环境卫生作业船为作业单元，水域环境卫生作业船与专用设施构成作业硬件设备。城市水域中各类船舶、码头及沿岸单位所产生的废弃物和水面漂浮废弃物、水面溢油油污等是水域环境卫生作业的对象。

1.1.2 职业概况

船舶驾驶员一般包括船长和驾驶人员。

1．船长

（1）须持有船长适任证书，是船上的行政负责人，负责船员思想、工作、学习和生活。掌握船舶技术性能、船员技术水平、气象潮汐，具有娴熟驾船技术。

（2）接受运输任务后，主持召开航次会议，负责制定航线和布置航行任务，提出航行和工作要求。

（3）全面负责船舶安全工作。负责督促驾驶员及时正确填写“航行日志”，并注意“航行日志”记录内容。

（4）负责船舶技术文件、各类证书的保管，安排有关人员办理签证手续。负责编制船舶维修计划，船舶按规定维修保养，使船舶处于适航状态。

（5）船舶发生海事后，应及时报告海监部门和所属公司，并参与事故处理。船舶遭遇沉没危险，应立即驶向浅水区，避离主航道，并指挥全体船员抢险，尽可能带走重要技术文件、船舶证书和贵重物品。必须弃船时，首先要疏散船员，船长最后离船。

（6）定期组织船员对船体、助航器具、工属具、主辅机（辅机）（由轮机长负责）等进行安全检查，发现问题落实整改。定期组织船员进行救生、消防演练。船舶进厂修理，负责督促检查船舶的修理质量。船舶修理竣工后，参与船舶的竣工验收。

（7）调动工作时，应会同有关部门人员负责办理移交手续，并向调任的船长详细介绍本船性能及有关情况。

2．驾驶员（副船长）

须持有驾驶员适任证书，是船长的得力助手，应具有独立安全驾船的能力，船长临时离船，应代表船长行使权力，努力完成航次任务。

（1）负责船舶装卸时的理货，确保船舶装卸货的质量符合要求及船舶安全，并及时与码头质管员保持联系，安排好装卸货工作。

（2）负责检查和保持船体、舱面部、驾驶室的各种设备整洁完好，并负责驾驶部的技术资料、助航和通信器具的保管和领用。

（3）配合船长组织定期开展救生、消防演练。组织船员做好船体、设备、工属具的保养和自修工作。

（4）航行中值班，应谨慎驾驶，遵守港航法规，如遇特殊情况或恶劣天气，应及时报告船长，采取必要措施。及时正确填写“航行日志”。

1.2 职业道德

1.2.1 职业道德的含义

每个人都生活在一定的社会环境中，在这个特定的环境中必然要与他人、社会、自然界发生各种关系。这些关系是错综复杂的，往往会产生各种矛盾，以及对待这些矛盾的不同态度和行为。而约束、调整这些关系就要运用一定的规范，这种规范就是道德。道德是调节个人与自我、他人、社会和自然界之间关系的行为规范的总和，是靠社会舆论、传统习惯、教育和内心信念来维持的。道德渗透于各种社会关系中，既是人们的行为应当遵循的原则和标准，又是对人们思想和行为进行评价的标准。

所谓职业道德，是指人们在一定的职业活动范围内所遵守的行为规范的总和，是所有从业人员在职业活动中应该遵循的行为准则，涵盖了从业人员与服务对象、职业与职工、职业与职业之间的关系，是人们在从事职业的过程中形成的一种内在的、非强制性的约束机制，属于自律范畴。职业道德是长期以来自然形成的，职业道德是一种职业规范，受社会普遍认可。职业道德没有确定形式，通常体现为观念、习惯、信念等，既是本行业人员在职业活动中的行为规范，又是行业对社会所负的道德责任和义务。职业道德具有继承性、多样性、职业性等特征。

1.2.2 职业道德的要求

职业道德规范是劳动者在长期的劳动实践中反复积累、逐步形成的，是一定社会对劳动者在劳动中必须遵守的基本行为准则的概括和提炼。职业道德源于劳动者的道德生活实践，因而对劳动者的道德行为有着巨大的控制和导向作用。基本的职业道德应该至少包括以下要求：

（1）诚实劳动，忠于职守。

（2）和睦相处，互相协作。

（3）虚心学习，精益求精。

（4）立足岗位，弘扬奉献。

（5）强化管理，开拓创新。

1.2.3 船员职业道德的特别要求

船员的职业特点不同于一般职业，即一个为数不多的群体控制着一艘价值上千万资产的船舶以及船员、旅客的生命在航行。对于船员，除了一般的职业道德规范以外，还有其特殊的职业道德要求。要通过培养职业感情、强化职业责任、规范职业行为等结合航运职业特点的教育，使船员自觉热爱本职，忠于职守，掌握航运技术，精通航运业务，奉献在平凡的水运工作岗位上。

1. 爱国敬业，为国争光

坚信中国共产党的领导，热爱祖国，忠于祖国，自觉维护祖国的声誉；热爱航运事业，脚踏实地地做好本职工作，为中国的水运事业做出自己应有的贡献。

2. 遵章守法，纪律严明

在船舶这个特殊的环境中，遵章守法显得十分重要；同时遵守严格的组织纪律是对船员的最基本要求。船员应增强服从意识和整体观念，从我做起，从小事做起，持之以恒，坚持不懈。

3. 优质服务，安全运输

切实做到优质服务和安全运输是保证适应市场、高效生产的基本保障。

4. 团结互助，同舟共济

船员应培养团结合作的精神，做到互相理解、互相尊重、互相关心和互相支持。

统计与分析的结果表明，人为因素造成直接或间接的船舶安全和污染事故占事故总量的80%。

第2章

船舶设备知识

2.1 甲板设备

2.2 助航仪器

2.3 船舶知识

知识要求

2.1 甲板设备

2.1.1 船用系缆

1. 绳的种类

(1) 化学纤维绳

1) 尼龙绳。尼龙绳由聚酰胺纤维制成，又称锦纶绳，是最早的一种化纤绳，品种最多，用途最广。其强度是合成纤维中最大的，质轻柔软、弹性好、有特殊的承受冲击载荷的能力。不受碱和油类的影响，怕火、怕酸、不耐磨，价钱昂贵。

尼龙绳使用时，表面受强大摩擦会逐渐起毛，但对强度影响不大，起毛的粗糙层对内部起保护作用，摩擦后会产生静电，吸附尘埃，易脏。吸水后质量增加，而且耐气候性较差，暴晒过久变黄，强度下降。

2) 维尼龙绳。维尼龙绳由聚乙烯醇缩甲醛纤维制成。强度最小，能在水上漂浮，耐盐类溶液和油类，对紫外线的抵抗能力很强，长时日晒不老化，强度也不降低。软化点较高，但当温度达到230℃时，溶化和燃烧将会同时产生。在绞缆等情况下由于长时间强烈摩擦，缆绳会出现黏结焦黑的现象。维尼龙绳吸水率达10%～12%，回弹性较差，在烘烤或拉长后，缆绳会缩短或拉长而变形。

3) 涤纶绳。由聚对苯二甲酸乙二酯纤维制成，又称特丽纶绳。其特点是耐高温、耐气候性强中，是化学纤维最好的一种；耐酸性好、怕碱、耐腐蚀，适用高负荷连续摩擦，强度仅次于尼龙绳；伸长率很小，多用于船舶拖缆绳。其软化点在230～240℃，熔点为250～263℃，吸水率小，仅为0.4%。

4）乙纶绳。由聚乙烯纤维制成，耐化学药品性能好，但不耐热，也不适合在高温场所使用，干湿对其强度影响不大，密度为0.96 kg/cm^3，能浮于水面，吸水率特小，在水中仍能保持良好的性能，适于水上使用。

5）丙纶绳。近年来的新品种，由聚丙烯纤维制成。强度比维尼龙绳大，质量轻、柔软、吸水率特小，丙纶绳不怕油类及化学药品的侵蚀，不易吸灰尘、耐脏，密度为0.91 kg/cm^3，能浮于水面，是目前最轻的缆绳，但耐热性较差，不适用于在高温场所使用。

此外，还有氯纶绳等，其强度不大（与马尼拉绳相似），在从事运输的船舶上应用很少，多用于渔业生产的船舶。化纤绳一般要比同直径的白棕绳轻1/4，而强度却比白棕绳大3倍以上。使用时，可根据化纤绳不同的特性选作带缆、拖缆、保险缆以及其他用途。由于压纤绳伸长率可达20%～40%，在拉伸长度超过10%时就不易复原，故不宜用作起重缆。

（2）钢丝绳。钢丝绳由若干整根镀锌钢丝搓制而成，先用若干钢丝扭绞成股，多股围绕一根绳芯搓制成绳。根据股内相邻层钢丝的接触状态不同，分为点接触、线接触和面接触。根据不同粗细钢丝组合的股又有外粗式、粗细式和填充式等多种类型。根据股的形状不同又分为三角股、椭圆股和扁股等。钢丝绳强度大，体积小，使用寿命长。凡是需要强度较大的绳缆都采用钢丝缆绳，如拖缆、起重用缆等。

钢丝绳的种类很多，通常按照股内钢丝的粗细和油麻芯的多少不同，分为硬钢丝绳、半硬钢丝绳和软钢丝绳。

1）硬钢丝绳。硬钢丝绳由6股钢丝制成（也有的中间1股钢丝，叫6股7丝），其特点是丝数少，坚硬，但使用时不易发生变形。船上经常用作静索，如桅杆、烟囱的支索。

2）半硬钢丝绳。半硬钢丝绳由6股钢丝中间夹1股油麻芯制成。其特点是丝数多而细，较柔软，便于使用。船上常用作吊货索、吊艇索、保险索、拖缆或系船缆。

3）软钢丝绳。软钢丝绳是由6股钢丝中间夹1股油麻芯，且各股钢丝中间也加有细油麻芯制成。其特点是柔软，质量轻，使用方便，在钢丝绳中强度最小。船上常用作牵引缆、带缆、吊货索、吊艇索。

钢丝绳在标记时，如“6×24+7”，表示钢丝绳有6股，每股有24丝，外加7个油麻芯。“股（1+6+12）”，表示每股结构是中心1丝，第二层是6丝，最外层是12丝。

钢丝绳中间的油麻芯的作用是减少钢丝绳内部摩擦，受力时起缓冲作用，增加钢丝绳柔软度，便于使用和保养。油麻芯可注油防锈，并起顺滑作用。

2. 绳的质量与强度

（1）绳的质量

1）纤维绳的质量是以每捆200 m来计算的，可用表2—1的经验公式来估算。

表2—1　纤维绳质量估算

缆绳种类	每捆200 m质量（kg）	缆绳种类	每捆200 m质量（kg）
白棕绳	$0.141D^2$	维尼龙绳	$0.120D^2$
尼龙绳	$0.121D^2$	涤纶绳	$0.147D^2$
乙纶绳	$0.103D^2$	丙纶绳	$0.097 \sim 0.984D^2$

注：表中 D 为缆绳直径，单位：mm。

2）钢丝绳的质量是以每米的质量来计算的，可用表2—2的经验公式来估算。

表2—2　钢丝绳质量估算

钢丝绳种类	每米质量（kg）
硬钢丝绳	$0.004\ 5D^2$
半硬钢丝绳	$0.003\ 5D^2$
软钢丝绳	$0.003\ 0D^2$

注：表中 D 为缆绳直径，单位：mm。

（2）绳的强度。在实际工作中，船员必须掌握所使用绳的强度，以确保生产安全，避免发生缆绳断裂事故。缆绳的强度可分为破断强度、实验强度、安全强度。

1）破断强度。破断强度是指缆绳在拉力试验机上逐渐增大受力，直至瞬时断裂时所承受的最大拉力，见表2—3。

表 2—3　　缆绳的破断强度

种类	破断强度		同径绳的比（以白棕绳为 1）	破断时的伸长率
	Kgf	N		
白棕绳	$6D^2$	$58.8D^2$	1.0	10% ~20%
尼龙绳	$18D^2$	$176.4D^2$	3.0	35% ~50%
维尼龙绳	$9D^2$	$88.2D^2$	1.5	25% ~40%
涤纶绳	$14D^2$	$137.2D^2$	2.3	23% ~33%
丙纶绳	$12D^2$	$117.5D^2$	2.0	30% ~34%
硬钢丝绳	$45D^2$	$441D^2$	7.5	1% ~2.5%
半硬钢丝绳	$43D^2$	$411.6D^2$	7.0	1% ~2.5%
软钢丝绳	$33D^2$	$323.4D^2$	5.5	1% ~2.5%

注：表中 D 为缆绳的直径，单位 mm。表中所列是各种新绳破断强度的经验公式。

2）试验强度。试验强度是指在进行产品检验时，所采用的缆绳强度标准，一般取其破断强度的 1/2。

3）安全强度。确定缆绳的安全使用强度，应先按缆绳的种类，根据其直径的大小计算出破断强度。再视具体使用的要求和缆绳的技术状况，确定安全系数，以求得准确的安全使用强度。一般情况下，安全强度的系数取 6，即安全强度为破断强度的 1/6。

3. 绳的插接与编结

（1）纤维绳插接（详见技能要求）。

（2）纤维绳编结。

1）平结。

用途：两根粗细相似的短绳相接，一般用于不经常解开的地方。

打法：如图 2—1 所示。

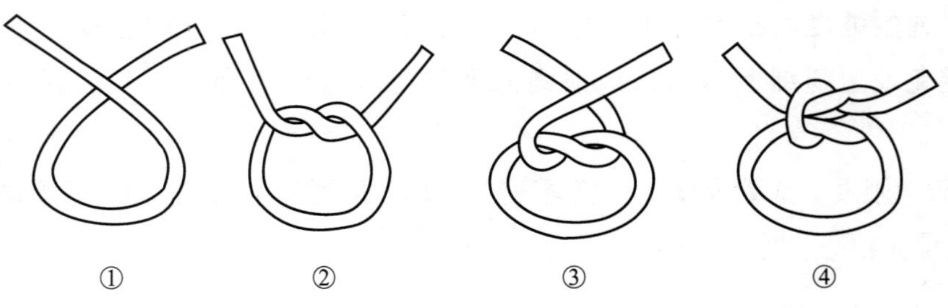

图 2—1　平结

2）“8”字结。

用途：绳索因需要穿过圆形孔洞，为防止绳索滑脱。

特点：打法简单，使用牢固，松解方便。

打法：如图 2—2 所示。

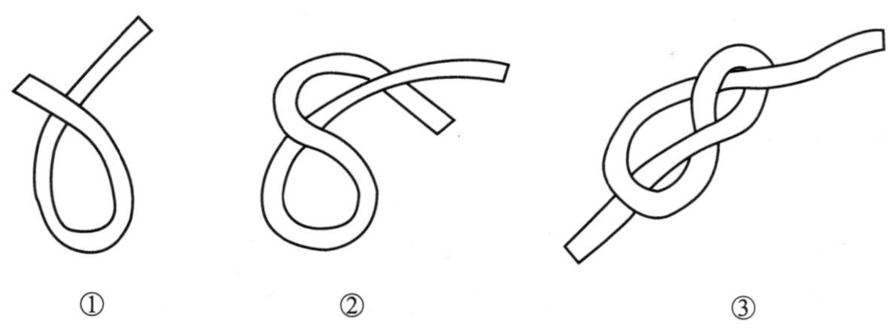

①　　②　　③

图 2—2　“8”字结

注意事项：绳头不能留得太短，防止受力后松散滑脱。

3）丁香结。

用途：适用于圆柱形物体。

特点：在特殊情况下能迅速打好。

打法：如图 2—3 所示。

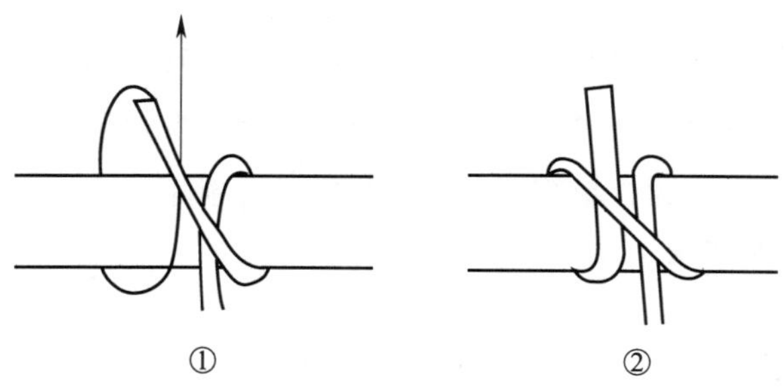

①　　②

图 2—3　丁香结

注意事项：此结不能使用在方形物体上，容易滑脱和磨损。根据需要还可以在绳根上再打一个半（1.5 个）结。

4）圆材结。

用途：升降圆柱物体或在无系缆桩的情况下可以用作系缆。

特点：此结受力后易松散，容易解开。

打法：如图 2—4 所示。

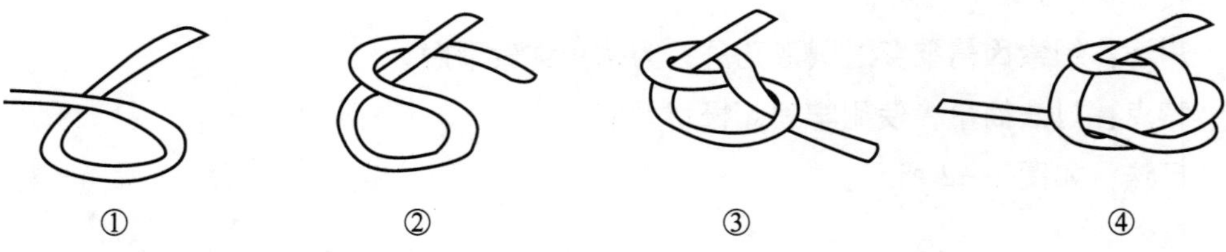

图 2—4　圆材结

注意事项：在绕绳根 2 ~ 3 周时，一定要绕在本身一端。

5）拖木结。

用途：吊拖较长的木材或其他圆柱形物体。

特点：此结基本上同圆材结，加半结后增加牢固度。

打法：如图 2—5 所示，打好圆材结后，在物体上再加一个半（1.5 个）结。

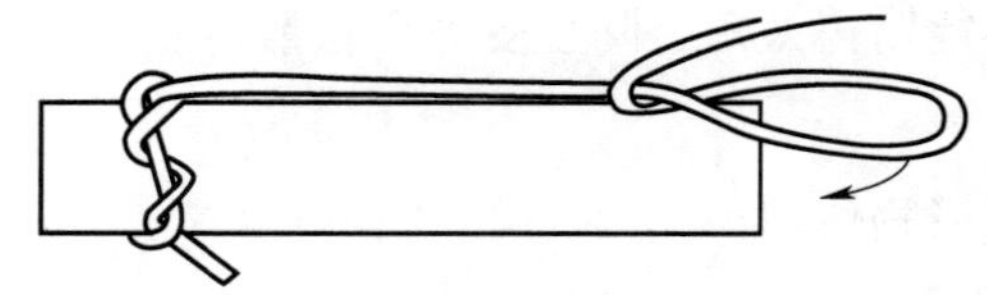

图 2—5　拖木结

6）单套结。

用途：此结在船上用途很广，可用于绳与绳、绳与眼环临时连接，也可用作临时琵琶头带缆，在高空舷外作业时还可以作为临时安全带使用。

特点：打法简单、迅速，结牢固、容易松解，并能单手打结。

打法：如图 2—6 所示。

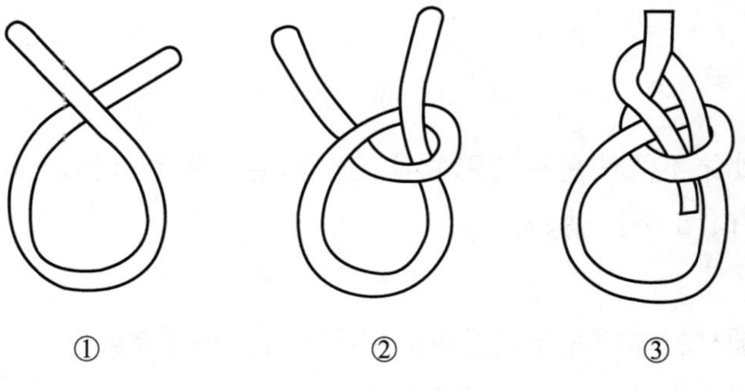

图 2—6　单套结

注意事项：绳头不宜过短，以防受力后绳头滑脱。

7）双套结。

用途：此结牢固，可临时取代座板。

特点：用于短时间的高空舷外作业，以及整捆缆绳一时理不出头但急需系缆时暂时使用。

打法：如图2—7所示。

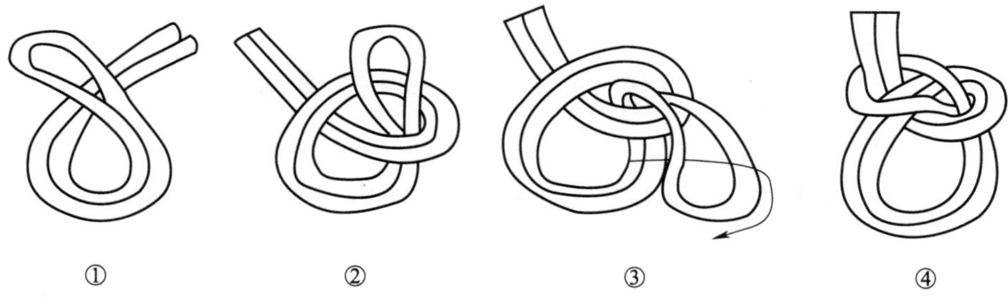

图2—7　双套结

8）单索花。

用途：两根不同粗细的绳头相接，或绳与眼环临时相接。

特点：能将大小或粗细不同的绳索连接，松解方便，但牢固性差。

打法：如图2—8所示。

图2—8　单索花

注意事项：留出的绳头不宜太短，以防滑脱。

9）双索花。

用途：用途基本与单索花相同，用在受力较大的地方。

打法：如图2—9所示。

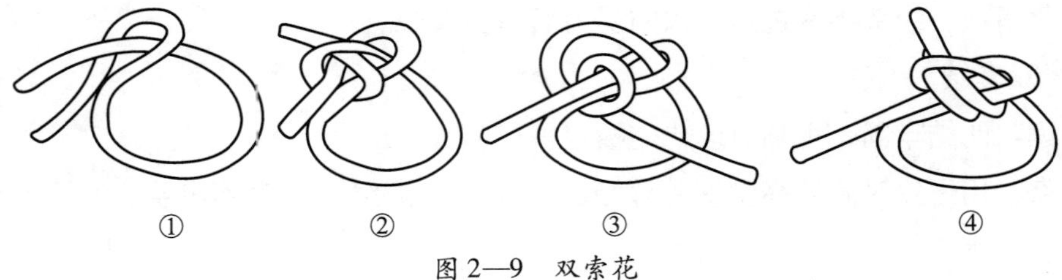

图 2—9　双索花

注意事项：用在上高或座板等作业时，绳头需留出一点，以防松散或脱落。

10）两半结。

用途：将绳索系在圆环或圆柱上使用，或两绳相接时使用。

特点：打法简单、迅速。

打法：同单索花打法一样，另一个绳头应在绳子的眼环上绕两周，并要注意平行，如图 2—10 所示。

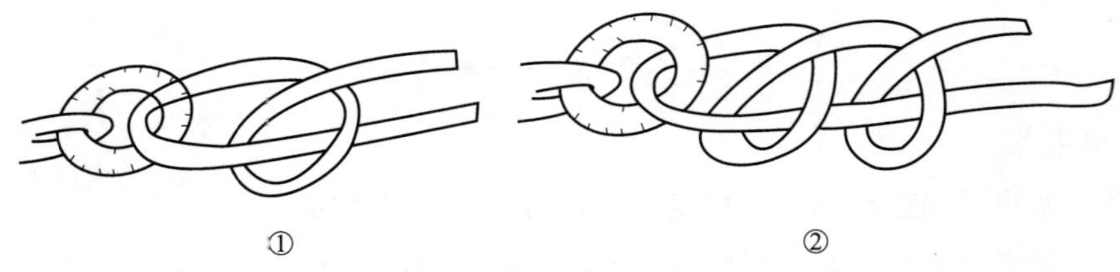

图 2—10　两半结

11）旋元双半结。

用途：用途与两半结相同，但比两半结牢固，常用在绳索受力较大的场合。

打法：先将绳端在物体上绕两周，然后在绳杆上打两个半（2.5 个）结即成，如图 2—11 所示。

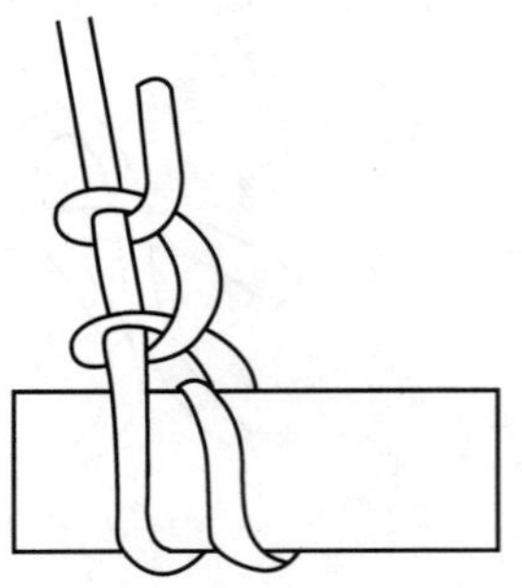

图 2—11　旋元双半结

12）鲁班结。

用途：此结和丁香结基本相同，常用在受力较大的场合，或升吊木材等圆形物体时可防止滑脱。

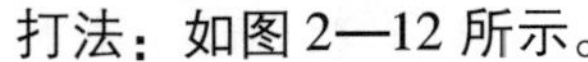

打法：如图 2—12 所示。

13）绳花结。

用途：用于连接两条大缆或用于临时连接断缆。

特点：实用，系解方便。

打法：如图 2—13 所示。

注意事项：两端半结不宜套得过分靠外或靠里，以防滑脱。

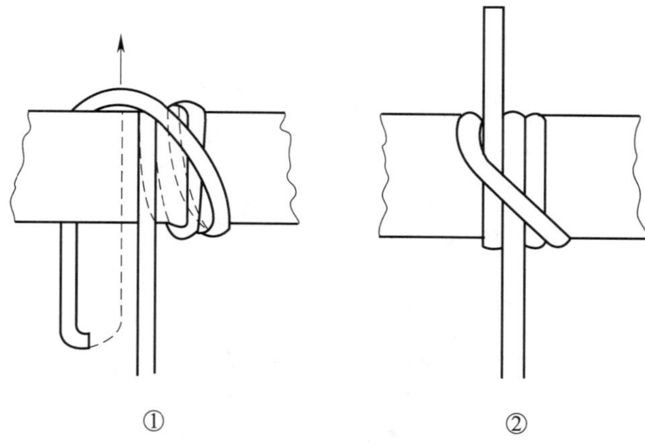

图 2—12　鲁班结

图 2—13　绳花结

14）缩短结。

用途：根据需要，可临时将一根长缆按一定长度要求缩短，而不需将缆绳切断。

特点：长度可以按需要调节，简单方便。

打法：缩短结分有“Z”形、链条和双耳环形三种，“Z”形打法如图 2—14 所示。

注意事项：绳索需要收紧，两个半（2.5 个）结方向一致。

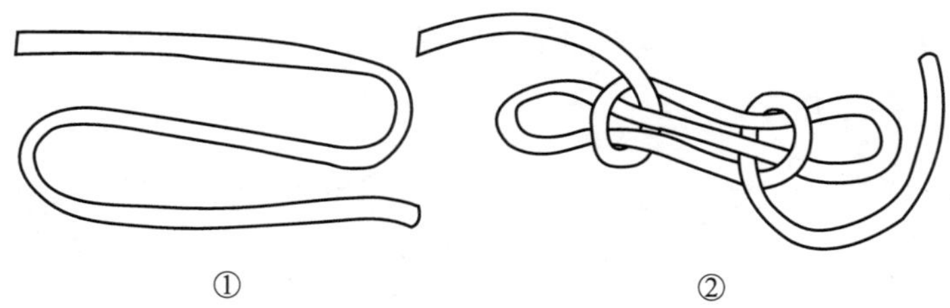

图 2—14　缩短结

15）架板结。

用途：用于舷外作业时搭架板。

特点：此结牢固，能使架板保持平衡。

打法：如图 2—15 所示。

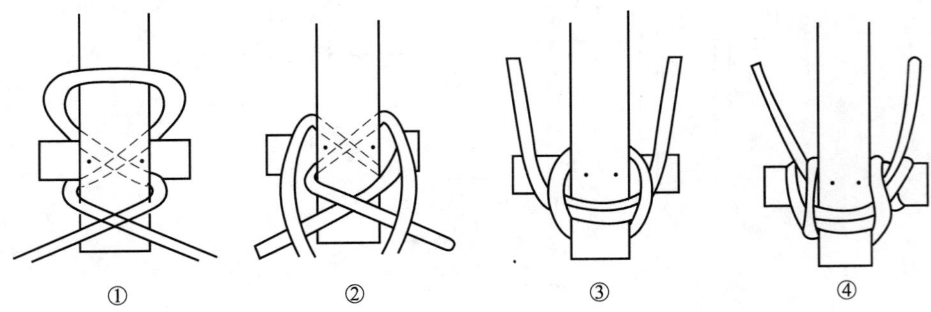

图 2—15 架板结

16）水手结。

用途：高空、舷外作业时可作为临时保险带。

特点：实用、牢固、受力均匀。

打法：如图 2—16 所示。

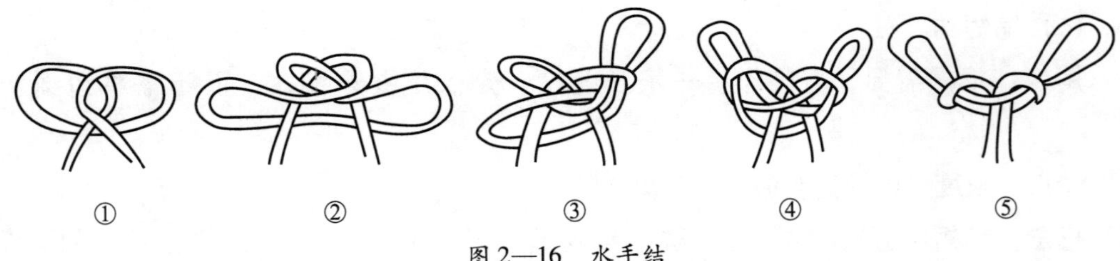

图 2—16 水手结

17）缩帆结。

用途：两根粗细相似的短绳，用在需要经常解开的地方。

特点：易解开，使用方便，但不如耳结牢固。

打法：如图 2—17 所示。

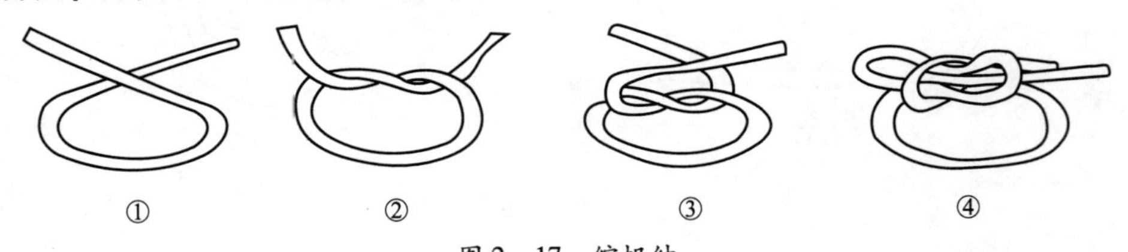

图 2—17 缩帆结

注意事项：留出绳的活头不要太短，以防松散。

2.1.2 锚设备

1. 锚的种类与特点

按锚的结构和用途，锚可分为有杆锚、无杆锚、大抓力锚和特种锚等。在商船上，船艏普遍采用无杆锚，而船艉锚有时采用有杆锚或燕艉锚。

（1）有杆锚。有杆锚也称海军锚，如图2—18a所示。

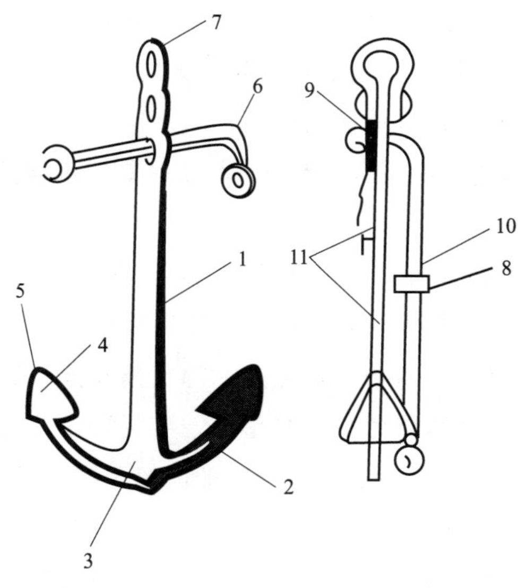

a）

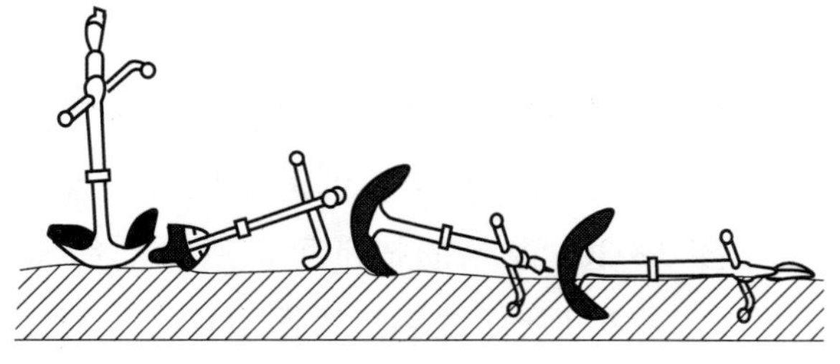

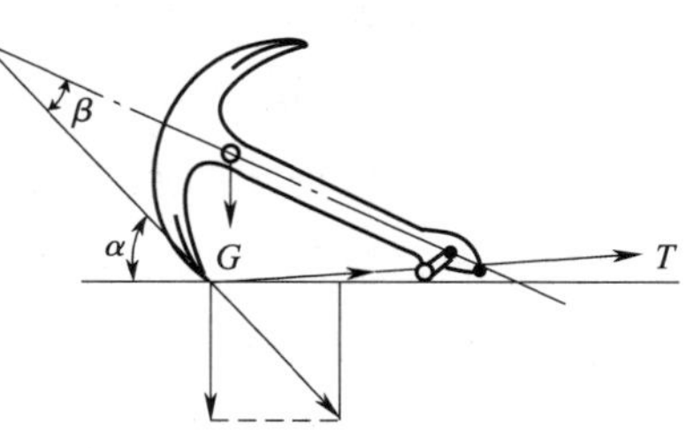

b）

图2—18 海军锚及抓底过程

a）海军锚的结构 b）抓底过程

1—锚干 2—锚臂 3—锚冠 4—锚爪 5—锚爪尖 6—横杆 7—锚卸扣

8—横杆挡环 9—垫圈 10—销孔 11—楔子

其特点是：一爪入土，抓力较大，一般为锚重的 4～8 倍。但此种锚的另一爪朝上而露出河床底面，易缠住锚链，浅水区还有可能刮坏船底，且有横杆而不便收藏，因而多用作艉锚、备用锚和小型船舶上。影响锚力的因素有锚袭角，如图 2—18b 所示的 α，锚折角如图 2—18b 所示的 β。海军锚的 α 在 60°～80°，β 在 35°～45°。

（2）无杆锚

1）霍尔锚：也称山字锚。常见的为霍尔锚和斯贝克锚，属活动锚爪（沿锚干前后回转约 45°）的无杆锚，如图 2—19a 所示。

霍尔锚的特点：能把锚干收进锚链筒内，因此可以充当艏锚，抓土时没有锚爪露出海底。但其抓重比仅为 3～5 倍，需通过增加锚重来弥补。抓底过程如图 2—19b 所示。霍尔锚的袭角 α 在 65°～75°，折角 β 在 42.5°～45°。

2）斯贝克锚：斯贝克锚是霍尔锚的改良型，收锚时其锚爪自然向上，并且一接触船壳即翻转，不会损伤船壳板。

3）艉翼式锚：1998 年 6 月 2 日，一种新型的船用锚——艉翼式中远（ZY）锚，获得我国专利局给予的专利。这是我国船用锚第一次获得国家专利，它结束了我国全部使用外国型锚的历史。艉翼式锚的结构特点是助抓突角宽厚，锚头重心低；其操作特点是入土阻力小，入土性能和稳定性好，抗浪击，容易冲洗干净。其抓力、稳定性等各方面性能均优于霍尔锚和斯贝克锚，更符合商船队船用锚的多方面性能要求。

斯贝克锚以及艉翼式锚皆为霍尔锚的改良型。

（3）大抓力锚。大抓力锚分为有杆大抓力锚与无杆大抓力锚，其特点是锚爪宽而长，啮土深、稳定性好，从而获得较大的抓力，抓重比大。用大抓力锚作艏锚时，锚重量大多取相应普通艏锚重的 75% 即可。

1）有杆大抓力锚：结合了有杆锚和无杆锚的优点，为有杆转爪锚，在其锚头处设有稳定杆，以保证锚抓底的稳定性，这种锚一般用于较松软的河床底质，且收藏不便，所以较适宜工业作业船和小船。如图 2—20a 所示的锚爪可前后转动约 30°，抓重比一般大于 10，多用于工程船舶；如图 2—20d 所示的锚爪短而面积大，而且其锚爪的最大转角可由装在锚杆上的可移动锲块调节，以适应多种河床底质，其抓重比可达 17～34。

2）无杆大抓力锚：由无杆锚发展而来，它改良了无杆锚的助抓突角和锚爪，强度较弱，容易变形。又因出土阻力较大，一般只适用工程船，也有的作备用锚或艉锚。如图 2—20b 所示为由荷兰研制的波尔锚，其锚爪平滑而锋利，适应各种河床底质，稳

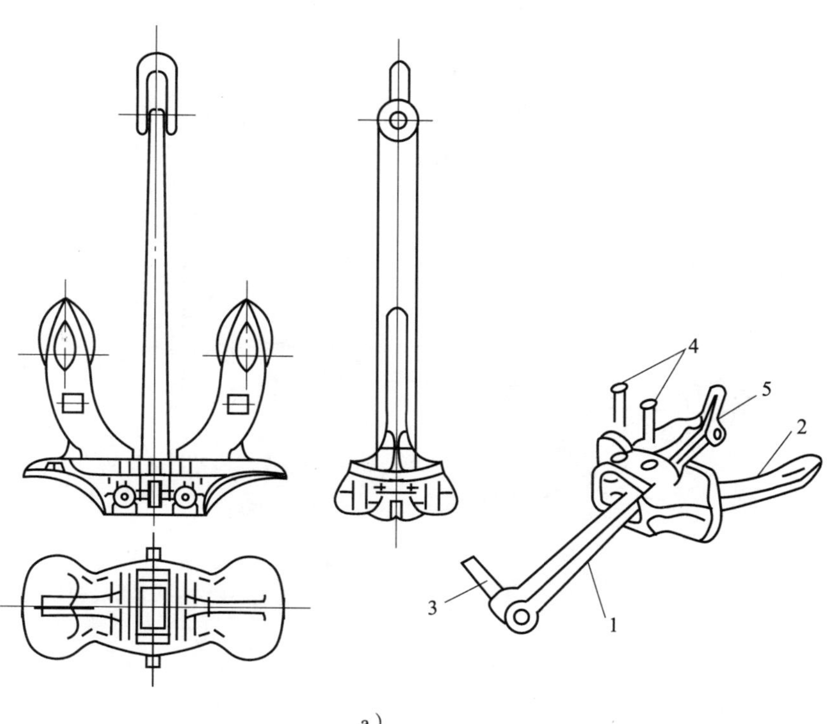

a）

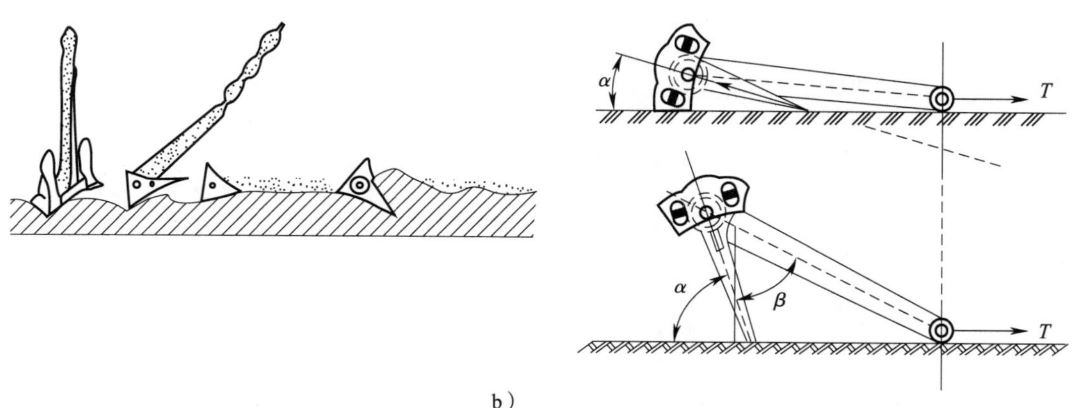

b）

图 2—19 霍尔锚及抓底过程

a）霍尔锚的结构 b）抓底过程

1—锚干 2—锚臂 3—小轴 4—横销 5—锚卸扣

定性好，抛起锚以及收藏方便，抓重比为 6 左右，可作大型船的艏锚或工程船的定位锚。如图 2—20c 所示为英国研制的 AC—14 型锚，有极厚实并且宽大的稳定鳍，有很好的稳定性，啮土迅速，对各种河床底质的适应性强，抓重比高达 12 ~ 14，常用于超大型船或水线以上面积较大的滚装船上作艏锚。

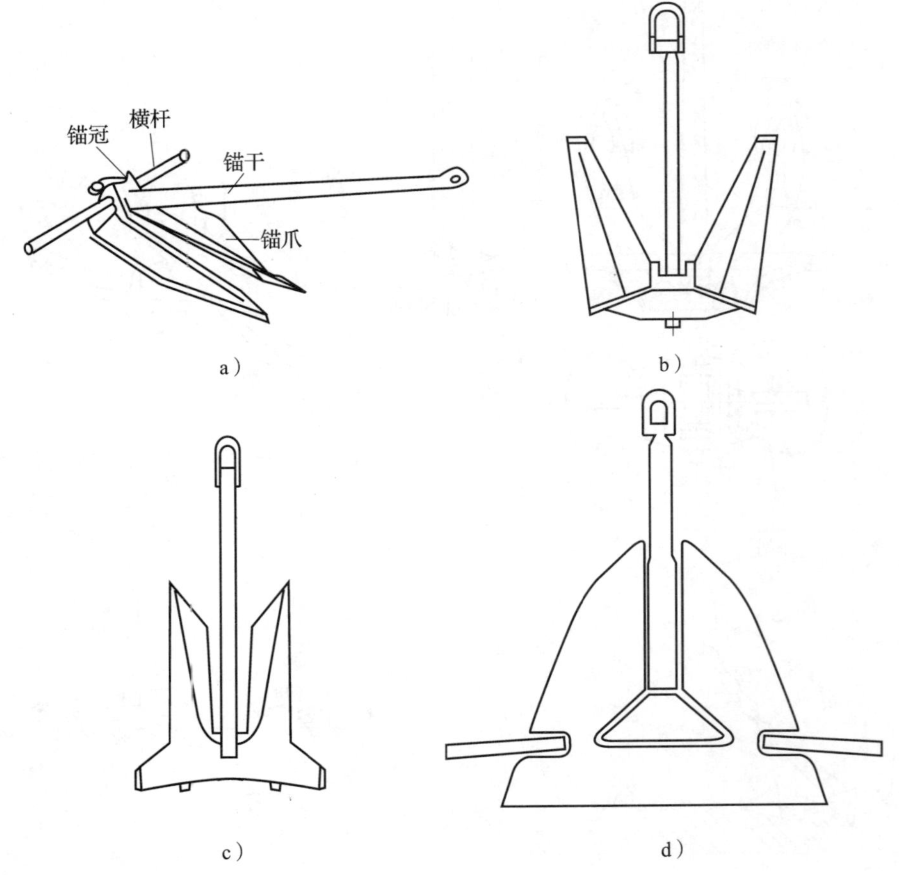

图 2—20　各种大抓力锚

a）丹福氏锚　b）波尔锚　c）AC—14 型锚　d）史蒂文锚

（4）特种锚。特种锚的形状与普通锚不同，以适应其特殊用途。常用于浮筒、浮标、灯船、浮船坞和浮码头等永久性系泊，有伞形锚、螺旋锚、单爪锚及供破冰船用的冰锚等。

2．锚机的种类、结构与操作

（1）锚机的种类与结构。锚机按其链轮轴线的布置方向可分为卧式和立式两种，商船上一般采用卧式锚机。立式锚机也称作绞盘，其动力部分设在甲板下面，以节省甲板面积，军舰上多采用立式锚机。锚机按动力不同分电动锚机、液压锚机两种，除了动力不同以外，其他构造大致相同。

1）电动锚机。如图2—21所示是电动卧式锚机的结构示意图。电动卧式锚机的工作原理是电机转动后通过蜗轮传动，使小齿轮驱动与主轴装在一起的大齿轮转动。主轴上套有2个链轮，可以用离合器自由地与主轴连接或脱开，每个链轮上装有带式制动器，用以控制链轮在主轴上的转动。起锚时接上离合器，链轮利用主轴的动力将锚绞起；抛锚时脱开离合器，在锚和链的重力作用下，则链轮在主轴上自由转动，将锚和链抛出。电动立式锚机的工作原理与电动卧式锚机基本相同。

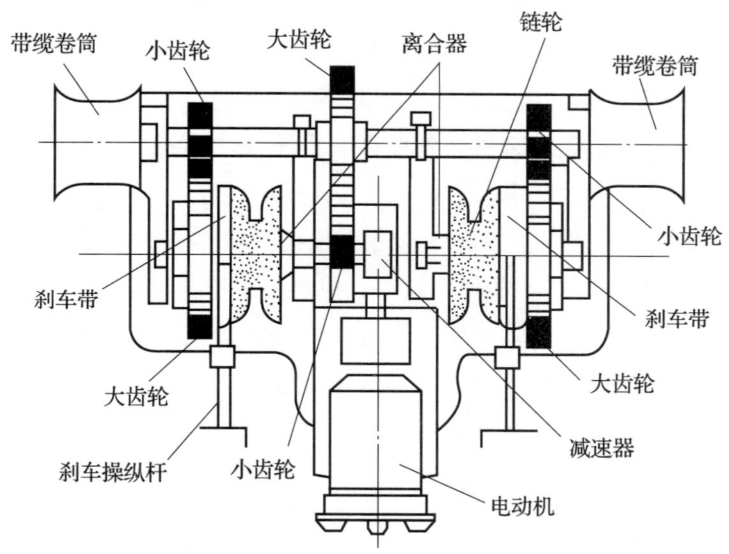

图2—21　电动卧式起锚机

2）液压锚机。液压锚机也叫电动液压锚机，以电动机带动油泵，用高压油驱动油马达，再经减速（也可不设减速器）带动传动齿轮，使锚机运转。

（2）锚机的操作

1）抛锚作业

①备锚

a．通知机舱接通锚机电源，冬季要提前温车。试验锚机（空车试运转）。

b．合上离合器，移开锚链筒盖，打开制链器，松开刹车带，开动锚机，将锚松出锚链筒垂挂在水面以上。再刹紧车带，脱开离合器。此时锚已处于可以自由抛落状态。

c．准备好锚球或锚灯。此时锚已备妥。

②抛锚

a. 抛锚时机：当船舶略有退势时。抛锚时船舶应适当后退。若船不后退，松出的锚链会堆积在锚上，绞缠锚爪。若船后退太快，松出的锚链就刹不住而发生断链、丢锚的事故。

b. 得到抛锚口令后，甲板作业的现场指挥人员应立即观察舷外锚的下方有无船舶靠近，然后迅速指示锚机操作员松开刹车带，让锚凭借重力下落。待锚着底后，用刹车刹住抛链，并立即升起锚球或开启锚灯。当松出 1.5～2 倍水深的链长时，应刹住锚链，利用船的拉力使锚爪抓入泥中。为防止将锚拉走而破坏抓土，必须在锚链尚未完全被拉直时再松出一段锚链，然后再刹一下刹车。松刹反复进行，以刹减船速，确保锚能良好地抓土，直到松出所需的链长为止。

c. 按计划松出足够的锚链长度后，如果锚链向前拉紧，并有规律地在水面上下抬动，则说明锚已抓牢；反之，锚链虽然吃紧，但不在水面抬动，且时而发生抖动，则说明锚正在水底拖动，应立即报告船长。

d. 抛锚过程中，甲板作业的现场指挥人员必须将锚链方向通过甚高频无线电话（VHF）或手势报告船长。锚机操作手敲钟，报告出链长度。

e. 水深超过 25 m 时，为防止锚对海底的冲击力大以及锚链松出太快，抛锚时须用锚机将锚送至距河床底面 10 m 左右，再自由抛下。若水深超过 50 m，则须用锚机将锚一直松到底，然后再用刹车慢慢松出锚链。深水抛锚时，船速一定要非常缓慢，每次只能松链几米。宁可多松几次，防止一次松多了刹不住而造成断链事故。

2）起锚作业

①准备工作。通知机舱接通电源并供给甲板水。试验锚机，合上离合器，松开制链器及刹车。

②绞锚。得到起锚命令后，甲板现场操作指挥人员根据锚链受力情况指示锚机操作员用适当的速度绞锚，并随时将锚链方向报告船长，以钟声表示锚链在水中的长度（节数）。如果锚链绷得较紧，这时不可硬绞，待船向前移动后再绞。若锚链横过船艏，收绞时会使锚链受力过大，锚机也会超负荷。应报告驾驶台，以便使用车舵配合，将船逐渐领直后再绞。

③锚离底的判断。在锚爪离地的瞬间，锚会突然向船边荡过来，可以此来判断锚是否离底。锚爪将要出土时，锚机的负荷相对最大，速度减慢，声音沉重。当锚离底时，锚机负荷突然降低，锚机转速由慢到快，这也是判断锚离底的可靠方法。锚机现场指挥人员在锚离底时向驾驶台报告，锚机操作员立即敲一阵乱钟，并降下锚球或关

闭锚灯。锚出水后，要注意观察锚爪是否钩住钢丝等。锚干进锚链筒时，注意锚爪翻转情况，应使锚爪贴紧船舷。上好制链器，刹好刹车，脱开离合器，关闭甲板水，盖上锚链筒防浪盖，罩好操纵装置，封好锚链管口，通知机舱关闭锚机电源。

3. 锚链的种类、组成、长度标志

（1）锚链的种类

1）按结构分类：可分为无档链和有档链两种。同样尺寸的有档链环比无档链环的抗拉强度大，伸长变形小，且锚链堆叠时不易发生绞扭。故船上一般采用有档链，无档链一般用于小船上。

2）按制造方法分类：可分为铸钢锚链和电焊锚链。铸钢锚链是以碳素钢铸成的，强度高，刚性强，变形小，耐磨，撑档不易松动，使用年限长，又能大规模生产。其缺点是工艺复杂，成本高，耐冲击负荷差。电焊锚链是用圆钢弯制焊接而成，采用碳弧焊接技术，工艺先进，成本低，质量高。

3）按钢材级别分类：我国生产的有档链分为 CCSAMI（Ⅰ级链钢）、CCSAM2（Ⅱ级链钢）和 CCSAM3 三级（Ⅲ级链钢），级别越高，强度越大。

（2）锚链的组成。锚链主要是由有档链环组成的，每根锚链可分为锚端链节、中间链节和末端链节。

1）链环。锚链的大小以链环的直径 d 来表示，有档普通链环的长度应是链环截面直径 d 的 6 倍，宽度应是 d 的 3.6 倍。普通链环的直径是衡量锚链强度的标准。如图 2—22 所示，链环按其作用分为普通链环（$1.0d$）、加大链环（$1.1d$）等，其中常见的连接链环有散合式和双半式两种。

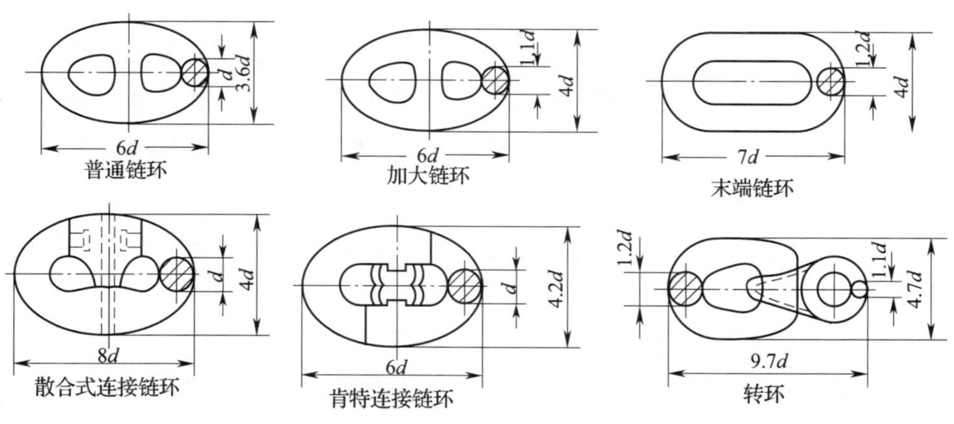

图 2—22　链环

2）链节。锚链的长度以节为单位，每节锚链的长度为 27.5 m，根据锚链链节所处的具体位置可分为锚端链节、中间链节、末端链节 3 种，如图 2—23 所示。

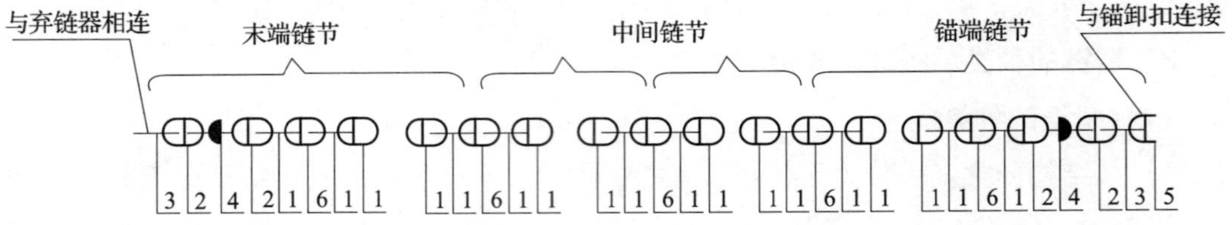

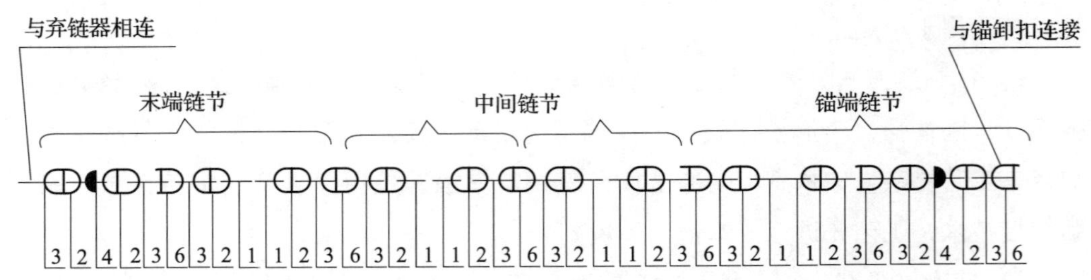

图 2—23　锚链组成示意图

1—普通链环　2—加大链环　3—末端链环　4—转环　5—链端卸扣　6—连接卸扣

①锚端链节：由锚卸扣、末端无档链环、加大链环、转环和普通链环等组成。在第一节锚链前加上一段锚端链节，其中的转环能防止锚链扭结。锚卸扣与锚干相连时，将卸扣的横销朝向锚，以便锚干顺利收入锚链筒内。

②末端链节：由滑钩、末端转环、加大链环和普通链环等组成。在锚链的最后一节加上一段末端链节，其中也有转环，然后与弃链器相连。转环的环栓应朝向锚链的中央。

③中间链节：常见的由连接链环和普通链环组成，也有的是由普通链环、加大链环、末端无档链环和连接卸扣组成。节与节之间用连接卸扣连接时，为了使锚链的强度得到平顺过渡而改善锚链的结构，在各链节的末端设置一个加大链环和一个无档末端链环。此时应将卸扣横销朝向船内，以保证连接卸扣能平卧着通过锚机链轮。船上至少应配备一个锚卸扣和四个连接链环或链接卸扣，还应配备一个系浮筒用的大卸扣。

（3）锚链标志。在抛起作业时，为了能迅速识别锚链长度（节数），在每节连接链环附近的有档撑上做标志。其方法为：在第一节与第二节锚链之间的连接链环的前后第一个有档的撑档上各绕 10～20 圈经过热处理以后的 4～6 mm 的金属丝，并将该链环标志处以内涂以白色水线漆，连接链环涂红漆；在第二节与第三节锚链之间的连接链环的前后第二个有档链环的撑档上各绕 10 ~ 20 圈经过热处理以后的 4 ~ 6 mm 的金属丝，并将该链环标志处以内涂以白色水线漆，连接链环涂红漆。以此类推至第五节与第六节之间。自第六节开始又重复第一节至第五节的标志方法。最后第一节至第二节，可涂红或黄漆等醒目的标志，作为预示锚链即将至末端的危险警告。

2.1.3 舵设备

1. 舵设备的检查与保养

(1) 经常性检查

1) 在开航前检查，每次开航前，驾驶员应会同轮机长和电机员试验舵机，查看转舵装置是否运转正常，并与驾驶室核对各种舵角和舵角指示器的误差情况。舵机室不准堆放杂物，保持清洁、干燥，切勿使电机受潮。舵机的活动部门要加油润滑。试舵、对舵前要派人查看舵叶周围有无障碍物。

2) 停靠时检查。停靠码头空载时，查看舵叶、舵杆及其联接法兰的情况。尤其经大风浪或冰区航行、脱浅或其他海事后，应特别仔细地检查。

3) 航行中检查。值班驾驶员应经常检查油压、电源和操舵情况。遇大风浪时，检查舵机室内可移动物体是否绑扎固定妥。停泊后要关闭电源。

(2) 定期检查保养。每 3 个月应对舵设备进行一次全面的检查保养，内容如下:

1) 查看舵杆、舵叶各部分磨损及损坏情况，做好记录。舵杆一般在下舵承处的轴颈应大于非工作部分的轴颈，否则应修理或换新。

2) 检查电动操舵装置的绝缘和触点情况，用不带毛头的细布擦干净，自动舵部分检查其灵敏度。检查液压管路是否泄漏及液压油的质量等。

3) 检查转舵装置运转、损耗及泄漏情况，做好记录或及时修复。

2. 舵设备试验

(1) 转舵试验。在坞内或排上转动舵叶，检查舵的灵便性，是否有卡位及过紧等异常现象，并校正舵叶的正中位置。下水后校对舵角，舵叶位于正中位置时，舵机上和驾驶室的舵角指示器的偏差应不超过 1.5°，如系电动舵角指示器，偏差则不超过 1°。

(2) 效用试验。效用试验在航行试验中进行，主要试验以下项目。

1) 主操舵装置在船全速前进时，测定从一舷的 35°转到另一舷的 30°的转舵时间；辅助操舵装置在船舶 60% 航速时，测定从一舷 15°转到另一舷 15°的转舵时间。正反方向的操舵时间应不出现过大差别。

2）操舵装置的转换试验：转换应迅速、可靠。电动或电动液压舵机的转换时间≤10 s。

3）用蓄压器作应急动力源时，应试验停止泵组工作后操左（右）满舵，各不少于6次。

（3）航行试验。系泊试验合格后，可进行下列内容的航行试验。

1）主操舵装置，在船舶全速前进时，测定从一舷的35°转至另一舷的30°的转舵时间。

2）备用操舵装置，在船舶半速前进时，测定从一舷的15°转至另一舷的15°的转舵时间。

3）测定主操舵装置转换应急操舵装置的时间。

2.2 助航仪器

2.2.1 甚高频无线电话（Very High Frequenoy Radio Telephone,VHF-RT）

1. 甚高频无线电话的使用

甚高频无线电波的频率范围为30～300 MHz，国际上规定：甚高频水上移动业务电台的频率在165～174 MHz。甚高频无线电话，是利用甚高频段的无线电波在空间中传播来进行语音通信的一种工具。内河船用甚高频无线电话主要用于：船舶与沿航线港口作进出港联系；船舶与沿航线航标站联系航道情况；船舶之间作航行联系；本船队之间的作业联系和其他通信联系（如应急、呼救等）。因此，VHF也是沟通船—船、船—岸、岸—船以及本船队之间近距离信息联系的一种助航仪器。由于港岸噪声干扰较严重，所以，目前内河船舶使用抗干扰能力强，采用空间波传播（视距传播）的调频式甚高频无线电话来进行近距离的通信与助航联系，在保证船舶安全、可靠助航联系的同时，也为船舶的近距离通信提供了便利。

操作使用方法如下：

首先，开机前应接好天线、送受话器和直流电源。

其次，打开电源开关，开关接通后，机器自动在16频道上工作，调节“音量”旋钮到适当位置。

最后，顺时针方向旋转噪声抑制旋钮，直到扬声器中噪声最小，不要调过此点，否则弱的话音信号将被削掉而造成收不到微弱信号。

2. 甚高频无线电话维护与保养注意事项

船用甚高频无线电话在湿度大、温差变化范围较大和震动的环境中工作，因此在日常的维护、保养中应注意。

(1) 开机前，必须接好天线、送受话器和直流电源。

(2) 使用中应做好防水、防潮、防振和防尘工作。

(3) 保持机器的清洁，随时检查主机到各部分电缆的接头接触是否良好。

(4) 避免受阳光直接照射，每周至少通电保养1次。

(5) 更换保险不能超过规定值。

2.2.2 望远镜

望远镜是内河船舶必备的助航仪器。望远镜对观测周围水域、船舶动态、航标、岸形、水流流态等有着重要的作用，是船舶重要的瞭望设备之一。内河船舶船长、驾驶员必须具备正确使用和有效保养望远镜的基本知识与技能。

1. 望远镜上A×B字样的含义

望远镜上方标注的规格为：A×B，其中A是放大倍数，B是望远镜物镜的口径大小，单位是mm。这两个指标决定了望远镜的规格，也是最重要的参数。

例如：望远镜上的字样是“7×50”“7”为望远镜的放大倍数，“50”是指物镜的直径。

2. 望远镜中十字丝的作用

望远镜中的十字丝分划板上刻有两条互相垂直的长线，竖直的一条称竖丝（纵坐标），横的一条称为中丝（横坐标），是为了瞄准目标和测取读数用的。

纵、横坐标轴线上分别划有分格，每一分格为10个密位（我国采用的是圆周6 000密位，有的国家采用6400密位），它可以用来测算距离。

3. 望远镜使用和养护注意事项

(1) 望远镜属精密仪器，应轻拿轻放，避免剧烈振动和碰撞，以防镜面破裂或棱镜移位。

(2) 调整两目镜间距和视度。若使用者两眼视力不一样，则应分别调节视度调整圈，才能达到清晰效果。

(3) 应避免日晒雨淋，防止损坏和受潮。

（4）镜面应用擦镜纸或干净的绒布擦拭，切勿用手指擦，严禁用酒精等有机溶剂擦镜。

（5）用完后应将视度旋至“0”。长时间不用的望远镜应放于专用盒内，置于干燥、清洁、通风、温差小的地方。

（6）望远镜筒内充有惰性气体保持气密，不应拆开，发现问题应送修理部门修理。

2.3 船舶知识

2.3.1 船舶主要尺度、吃水及水尺标志

1. 船舶主要尺度与尺度比在实际营运中的作用

船舶的主要尺度是表示船体外形大小的基本量度，包括船长、船宽和型深，如图2—24所示。

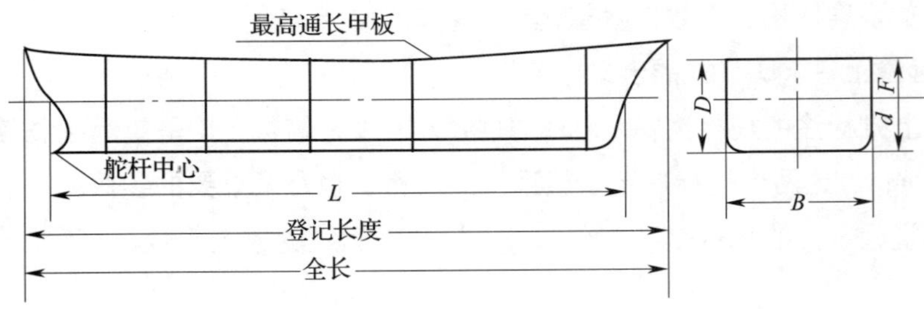

图 2—24 船舶尺度

（1）船型尺度：也称计算尺度或理论尺度，船型尺度是从船体型表面上量取的，主要用于船舶的航行性能。

（2）最大尺度：是船舶停靠泊位、过船闸、桥梁、狭窄航道和船舶避让等的主要参考数据。

（3）登记尺度：是用来丈量船舶、计算吨位的尺度。

（4）尺度比在实际运营中的作用。船舶主尺度比是船舶主要尺度的比值，一般是指船型尺度各参数之间的比值，进一步说明了船体的几何特征。

1）船宽之比：对船舶的快速性影响很大。比值越大，船就越瘦长，快速性越好。

2）型深吃水比：对船舶抗沉性影响较大。比值大，则干舷高，储备浮力大，抗沉性好。

3）船宽吃水比：对船舶的稳性、快速性、耐波性等都有影响。一般来说，比值大，稳性好，耐波性差。比值过大或过小，都会造成阻力的增加，故对于快速性有一定的适宜范围。

4）船长吃水比：对船舶操纵性有影响。比值大，回转性差。

5）船长型深比：对船舶的稳性和船体强度有影响。比值小，稳性和强度较好。

2. 船舶水尺标志及载重线标志在实际中的应用

（1）水尺。船舶在营运中，经常需要了解实际吃水及其变化，为此船体艏、艉在船中两舷船壳板上绘有表示吃水的标尺，该标尺称为水尺。公制用阿拉伯数字表示，其数字的高度及两数字之间的距离均为 10 cm。内河船一般采用公制水尺，如图 2—25 所示。

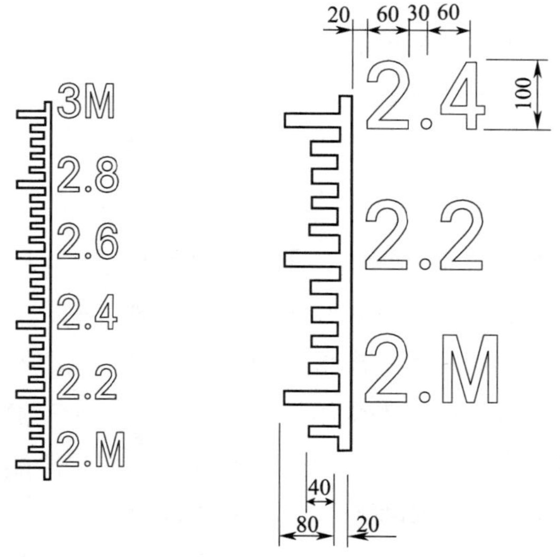

图 2—25　水尺标志

读取水尺时，看水面与水尺数字下缘相切的位置，如图 2—26 所示。当水面位于“0. 8”字体下半体的下半缘（见图 2—26a），吃水为 0. 8m。当水面位于“0. 8”字体一半时（见图 2—26b），此时吃水为 0. 85 m。当水面位于“0. 8”字体上边缘时（见图 2—26c），此时吃水为 0. 9 m。

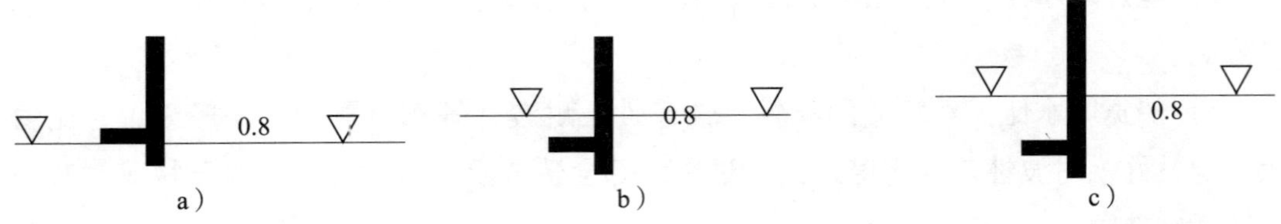

图 2—26　读取水尺实例图

（2）储备浮力。船舶在风浪中航行时，由于甲板上浪时增加了船舶重量。船舶一旦发生海损事故造成舱内进水，也会增加船舶重量。船舶在风浪中摇荡也会增加船舶吃水。因此，为了保证船舶和人员、财产的安全，要求船舶能提供足够的浮力。满载水线以上的水密船体容积所具备的浮力称储备浮力，如图 2—27 所示。

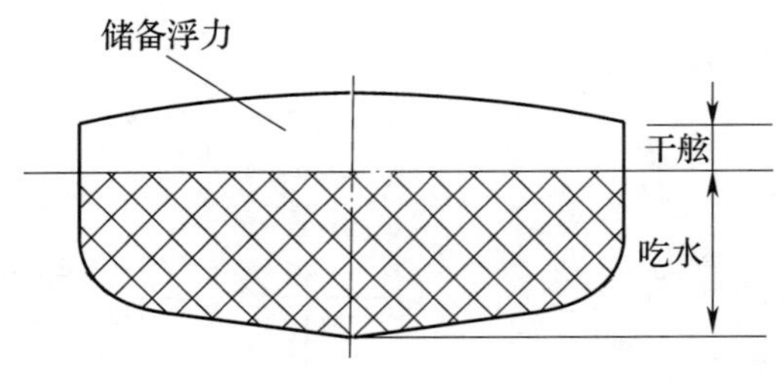

图 2—27　储备浮力

（3）载重线标志。船舶在航行时，由于本身兴波和外界干扰，浮力与重力经常是不相等的。为取得平衡，就处于不断地升降和浮沉运动之中。由不平衡至平衡，又从平衡至不平衡，循环往复。载重线标志是指船舶在不同季节和不同航区的各种最大吃水标志，它是在保证船舶水上航行安全的情况下所规定的船舶安全装载极限。为了保证船舶在各种不同条件下安全航行，同时又最大限度地利用船舶的装载能力，就需要根据不同条件规定各类船舶在不同航区、航段和不同风浪条件下的干舷大小。船舶主管机关“中国船舶检验局”在船体上勘绘载重线标志来规定干舷大小。载重线标志由甲板线、载重线圈及各载重线组成。

内河船舶载重线标志的载重线圈是由一个外径为 250 m、线宽 25 mm 的圆圈和与圆圈相交的一条水平线段组成。水平线段长 400 mm、宽 25 mm，其上缘通过圆环的中心。圆圈中心位于船长中点，其至甲板上缘的垂直距离等于所核定的船舶主要航区的干舷，如图 2—28 所示。

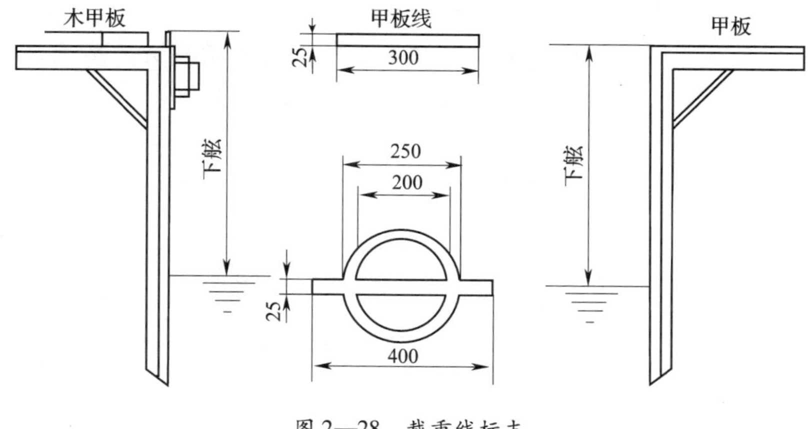

图 2—28 载重线标志

2.3.2 船体强度与结构

船舶在水中航行时会受到多种外力的作用，如水对船体的压力、船体自身与货物的重力、风浪对船体的冲击力等。因此，船体结构必须要有足够的强度来抵抗这些力的作用，防止船体变形，而且还要能够保持水密，以保证船体的浮性。

1. 船体强度

船体强度分为纵向强度、横向强度、局部强度和抗扭强度。

(1) 纵向强度。船舶抵抗纵向弯曲，不使整体结构遭受破坏或严重变形的能力称为船体纵向强度。船舶漂浮在水中时，整个船体的重力和浮力总是平衡的。但是由于船舶的重力沿船长分布与浮力沿船长分布不一致，船体长度的每一段上，重力与浮力是不相平衡的，结果造成船体沿船长方向的弯曲变形，这种弯曲称为纵向弯曲。由于纵向强度作用导致的中垂和中拱现象如图 2—29 所示。

由于船体上每一段所受的重力与浮力不同，其差值构成作用在船体上的负荷。由于重力和浮力的作用在船体横剖面上产生的力称为剪力。

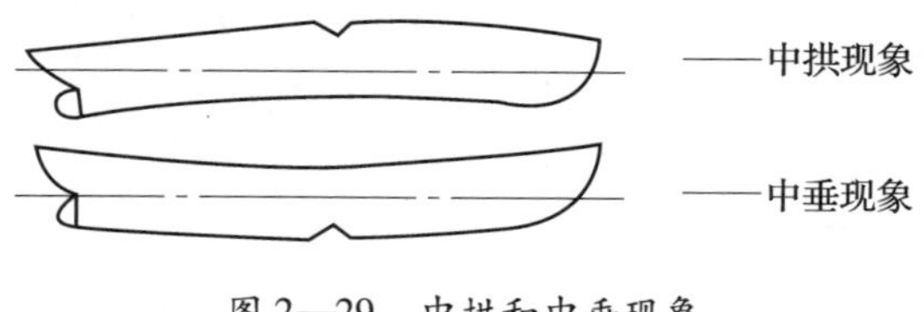

图 2—29 中拱和中垂现象

（2）横向强度。船舶抵抗横向变形的能力称为横向强度。船舶在水中除纵向变形外，还会产生沿横断面方向的横向变形，以致船壳、甲板及船底发生凹陷。这种变形主要是水对船壳的压力以及在甲板上和舱底大量装货的结果，如图 2—30 所示。

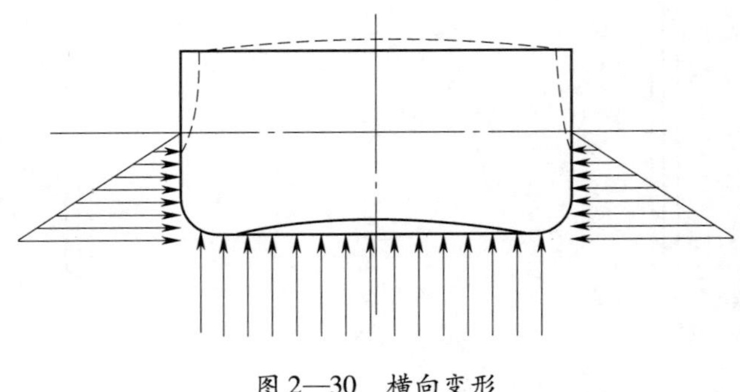

图 2—30　横向变形

在正常装载情况下，船体的横向强度一般是足够的，船舶极少因为横向强度不够而发生横结构断裂的情况。

（3）局部强度。船体抵抗局部变形或破坏的能力称为局部强度。船体在某些地方经常受到特殊外力的作用，如船艏处经常受到波浪的严重冲击；靠码头时，两舷受到码头的碰撞力；机座、机舱区域受到机器的振动力；吊货架、吊艇架受到局部集中力等。故一般仅需要在局部范围内的船体结构给予必要加强。

（4）抗扭强度。整个船体抵抗扭转变形和破坏的能力称为抗扭强度。

当船斜置在波浪上时，船的艏艉受到方向相反的水压力作用，可能使船体产生扭曲和皱折变形，如图 2—31 所示。

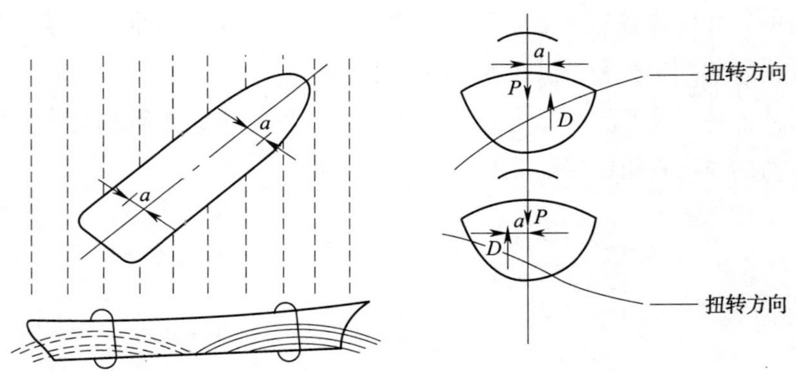

图 2—31　船体在斜坡上的扭转变形

2．船舶骨架结构

船体结构是由板材和骨材组成的船体结构物的总称。

（1）横骨架式。横骨架式是横向骨材较密、尺寸较小，纵向骨材较稀、尺寸较大的船体骨架型式。横骨架式的横向强度好，装配工艺简便，但当船舶长度较大时，不易保证总纵强度。

（2）纵骨架式。纵骨架式是纵向骨材较密、尺寸较小，横向骨材较稀、尺寸较大的船体的骨架型式。纵骨架式的纵向强度好，能在保证船体总纵强度的同时，使船体质量减轻。

（3）混合骨架式。混合骨架式是在主船体一部分采用横骨架式，另一部分采用纵骨架式的船体骨架型式。

3．船体结构

（1）外板。外板是船体结构的基本组成部分之一，除了构成水密外壳，保证船舶浮力外，又是船体的主要纵向构件，在保证船体总强度及局部强度方面都具有决定性作用。外板是由一块块钢板组合焊接起来的。钢板的长边沿船长方向布置，板与板在其短边连接而形成列板。相邻两列板之间的接缝称为边接缝，同列板上，钢板的接缝称为端接缝。

外板的每一列板都有专用名称。位于船底的各列板总称为船底板，其中船体中心线上的一列板称为平板龙骨。由船底过渡到船侧的弯曲部分的列板，称为舭部列板，简称舭板。在舭部外侧，垂直舭列板，长度为船长 1/3 ~ 1/2 的一列板，称为舭龙骨。分布在船侧的各列板总称为船侧列板，其中位于船侧最上列与甲板相连接的一列板称为舷墙，如图 2—32 所示。

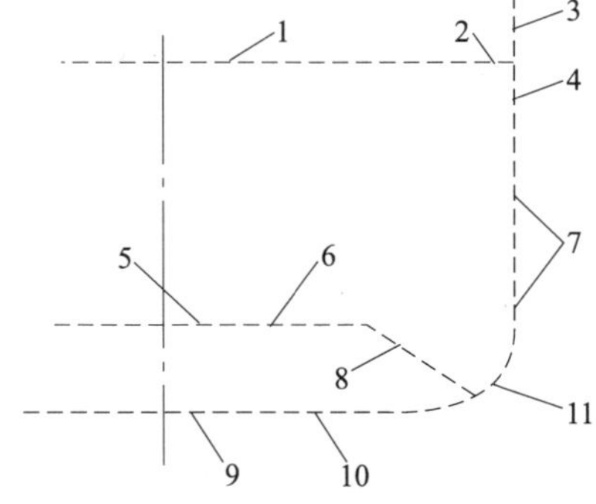

图 2—32　外板列板的名称

1—甲板列板　2—甲板边板　3—舷墙
4—船侧顶外板　5—内底中央列板
6—内底板列板　7—船侧外板列板　8—内底边板
9—平板龙骨　10—船底板列板　11—舭列板

（2）外板展开图。外板展开图是表示全船外板的每块钢板的位置、大小、厚度和形状的图纸，如图 2—33 所示。

外板展开图在修、造船中是一张重要的图样。在图中把全船外板的每一块钢板都用字母和数字编号表示。

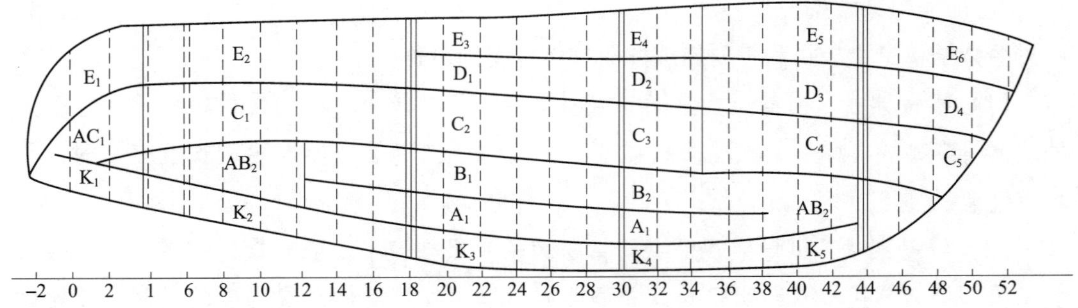

图 2—33 外板展开图

（3）甲板结构。甲板的构件主要有甲板板、横梁、强横梁、舱口端梁、甲板纵珩、甲板纵骨和支柱等。

1）甲板名称。船底结构以上，封盖船内空间或将其分隔成层的大型板架称为甲板。根据位置和作用，甲板有不同的名称。同一甲板从不同角度也可有几个不同的名称，如图 2—34 所示。

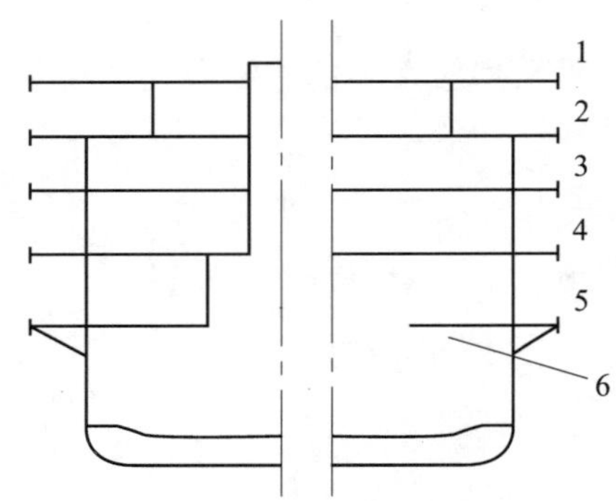

图 2—34 各层甲板的名称

1—顶篷甲板 2—驾驶甲板 3—游布甲板 4—上甲板（强力甲板）

5—舷伸甲板 6—主甲板（干舷甲板）

2）甲板板。甲板板是指甲板结构中的板材，由纵向布置的板列组成。

3）强横梁。每隔 3 ~4 个肋位布置一道大型横梁。

4）舱口端梁。布置在舱口两端肋位上的强横梁。

5）甲板纵珩。在纵骨架式甲板结构中的纵向骨材。

（4）船底结构。船底结构有单层底和双层底两种。

1）单层底结构。单层底是没有内底板的单层船底。其结构简单、施工容易，但纵强度不大，抗沉性较差，故多用于中、小型船舶和油船。单层底结构也有横骨架式和纵骨架式。单层底结构布置如图 2—35 所示。

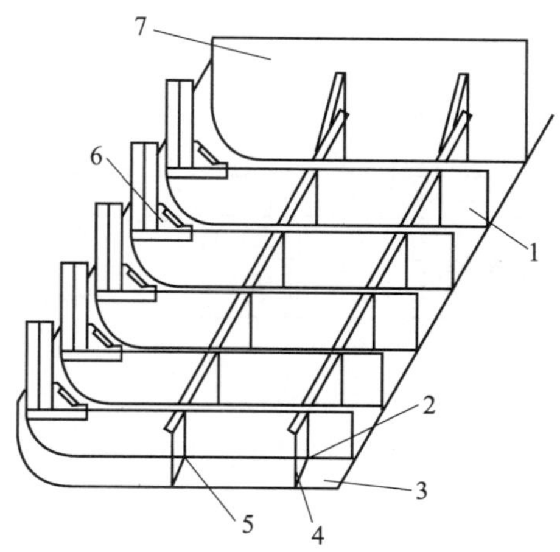

图 2—35　横骨架式单层底结构

1—实肋板　2—流水孔　3—平板龙骨　4—中央龙骨

5—旁内龙骨　6—舭射板　7—舱壁板

2）双层底结构。双层底与单层底的不同，就在于肋板上缘，横向自船的一舷至另一舷，纵向自防撞舱壁至艉尖舱壁之间加设了一层水密列板，称为内底板。内底板与船底板之间构成了一个水密空间，称为双层底，双层底有许多好处，它不仅提高了船舶的抗沉性能。同时，双层底既可以装载油、水、充分利用底部空间，又可以用载水来调整船舶的纵倾和横倾，降低船舶的重心，提高船舶稳性。

双层底结构分为横骨架式和纵骨架式两种。

横骨架式双层底结构：横骨架式双层底结构主要由平板龙骨、内底中央列板、内底边板、桁材及肋板等组成，如图 2—36 所示。

（5）船侧结构

1）横骨架式船侧结构。横骨架式船侧结构主要由肋骨、船侧纵桁和肘板等组成，肋骨竖向安置，如图 2—37 所示。

2）纵骨架式船侧结构。在纵骨架式船侧结构中，用船侧纵骨代替肋骨。船侧纵骨不能支撑甲板重量，只能承担纵强度，主要用于少数大型油轮。

（6）舱壁结构。根据结构形式舱壁可以分为两种：一种是平面舱壁；另一种是波形舱壁。舱壁能够防止油或水渗透的称为油密或水密舱壁。舱壁沿船长方向布置的称

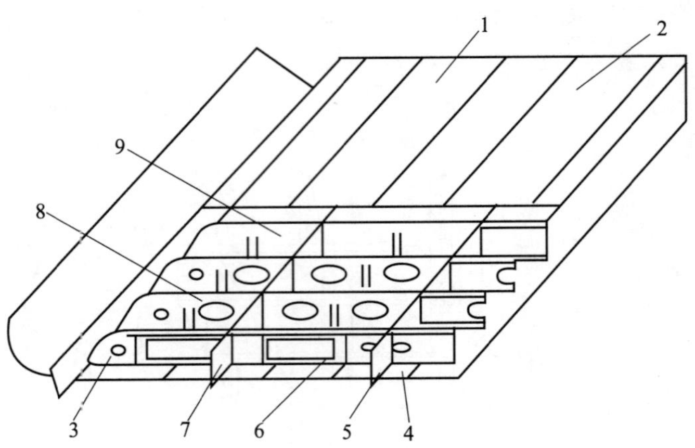

图 2—36　横骨架式双层底结构

1—内底板　2—内底中央列板　3—肘板　4—平板龙骨　5—中桁板
6—船底骨架　7—旁桁板　8—内底边板　9—水密肋板

为纵舱壁，沿船宽方向布置的称为横舱壁。

舱壁的主要作用是分隔船舱内部空间，保证船舶的抗沉性及防止火灾蔓延、有害气体的扩散等。同时，横舱壁又是保证船体横向强度的重要构件。

1）平面舱壁。平面舱壁由舱壁板和舱壁扶强材组成，如图 2—38 所示。

舱壁板由多列钢板组合焊接而成，舱壁最下端的钢板受到的水压力最大，容易腐蚀。所以靠近船底的一列板最厚，向上各列板的厚度可以逐渐减薄。

2）槽形舱壁。槽形舱壁目前常应用于油船和散装船上。其特点是：在强度要求相同的条件下，槽形舱壁的质量比平面舱壁小，并节省大量的型钢，又便于施工，清舱方便。但槽形舱壁所占舱容量较大，对装载包装货物是不利的，如图 2—39 所示。

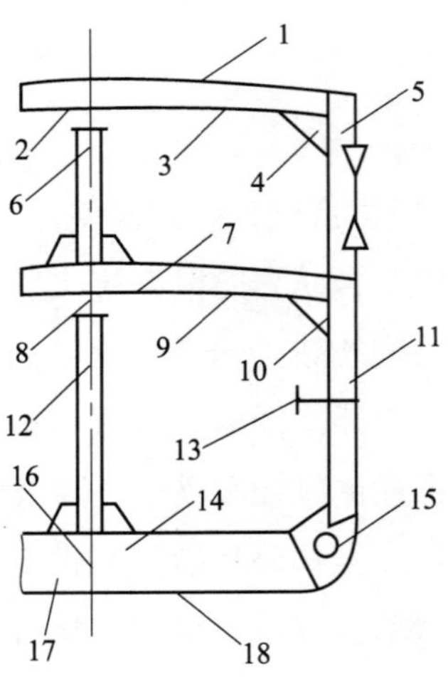

图 2—37　横骨架式船侧骨架及甲板骨架

1—上甲板　2、8—甲板纵桁　3、9—横梁
4、10—梁肘板　5—甲板间舱肋骨
6—甲板间舱支柱　7—主甲板　8—船舱肋骨
11—船舱肋骨　12—船舱支柱　13—船侧纵桁
14—内底板　15—舭肋板
16—旁肋板　17—实肋板　18—船底板

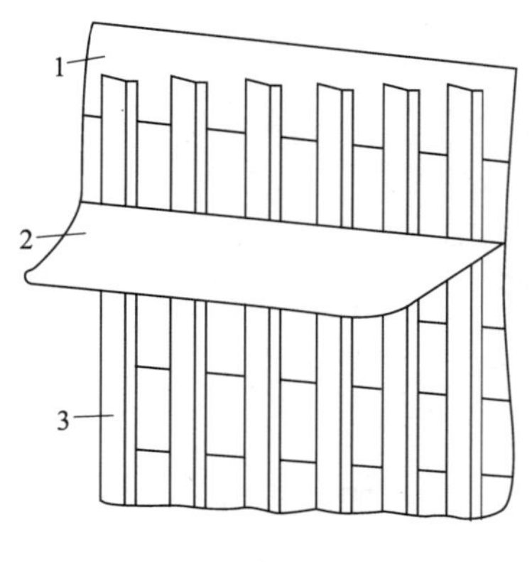

图 2—38　平面舱壁的结构

1—舱壁板　2—主甲板　3—舱壁扶强材

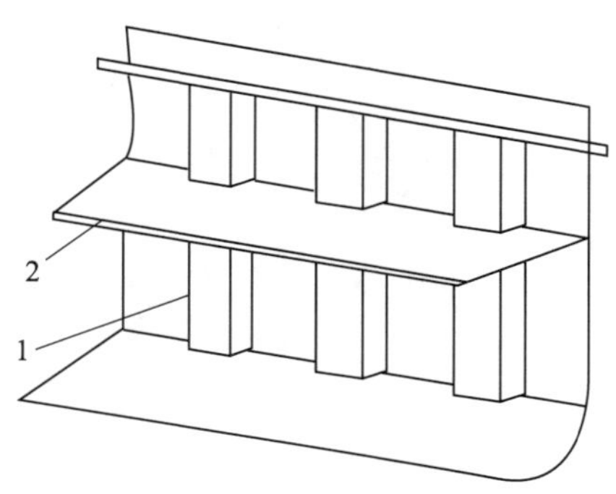

图 2—39　槽形舱壁的结构

1—槽形舱壁板　2—水平桁

（7）艏部结构。艏部是从艏尖舱壁到艏柱的部分。船舶航行时，这部分经常受到波浪的冲击，水面漂流物和靠离码头时的碰撞，因而它的结构需要特别加强。

船舶艏部结构形式很多，最常见的有直立式、前倾式、雪橇式和水滴球鼻式等，如图 2—40 所示。

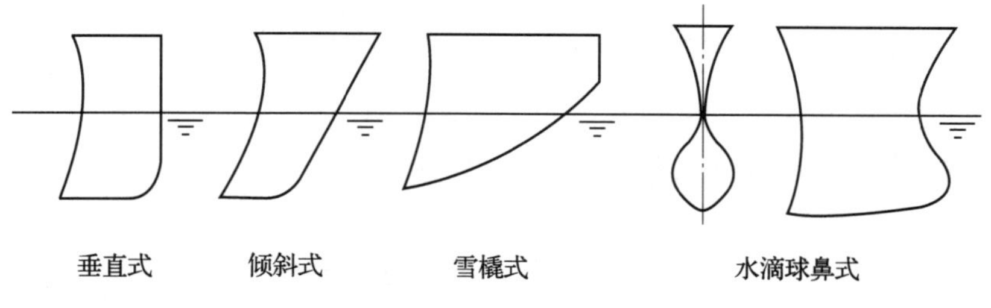

图 2—40　艏部型式

技能要求

纤维绳插接——三股绳琵琶头（眼环）插接

三股绳琵琶头（眼环）插接绳端组成的眼环，用于带缆、套缆、连接等。

操作准备

纤维绳插接前，整根纤维绳先按照需要长度切割断，并准备好插接用的木槌、胶布等工具。

操作步骤

操作步骤如图 2—41 所示。

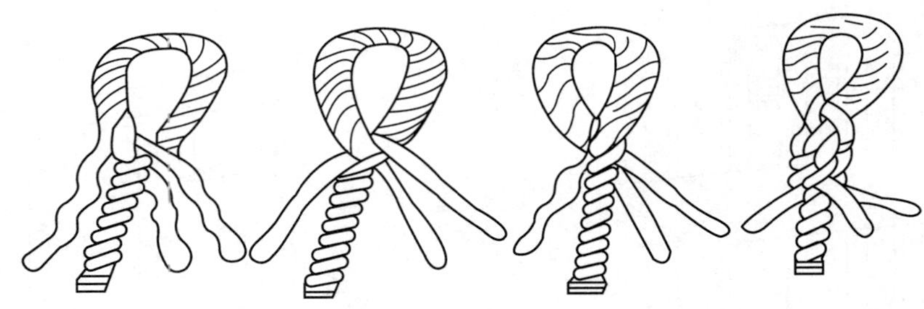

图 2—41　三股绳琵琶头（眼环）插接

步骤 1　将绳头松开 4 ~6 花，并分成 1、2、3 股，量好眼环大小，确定下笔位置。

步骤 2　把第 2 股（中间股）逆绳搓方向穿过绳根最上面 1 股，再将第 1 股（左侧）自第 2 股的左侧逆绳搓方向穿入绳眼中的 1 股，使 3 股绳头从绳眼 3 根不同方向穿出，将 1、2、3 股依次收紧。

步骤 3　任选一股作为第 1 股，逆绳搓方向压 1 股穿 1 股；按搓序依次将另两股插入，俗称一花完毕。最后依次插二花、三花直至要求插花数为止，收紧各股，用木槌敲平后割去多余部分即可。

纤维绳插接——三股绳短插接

三股绳短插接用于两根同样粗细的绳索相连接。

操作准备

三股绳短插接前，先将需要插接的两段缆绳整理平顺，并准备好插接用的木槌、胶布等工具。

操作步骤

操作步骤如图 2—42 所示。

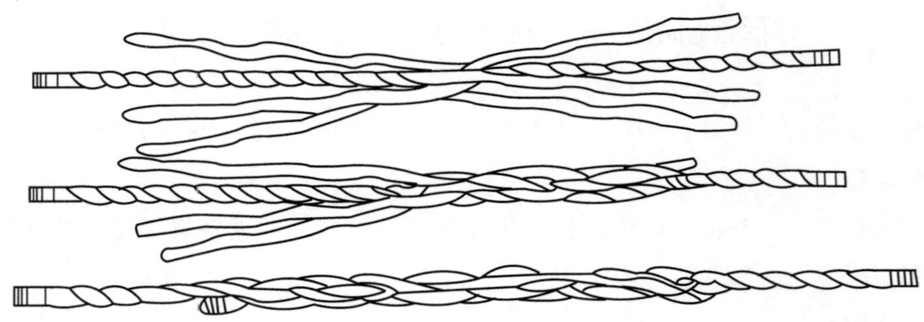

图 2—42　三股绳短接法

步骤1 把相接的两绳各松开三花，并分成三叉形。

步骤2 将两边绳股交叉结合，左手抓紧相交叉结合处，右手将右侧绳股插接琵琶头方向插三花并收紧。

步骤3 左侧按上述方法依次插好三花，再用木槌敲平后割去多余部分。

纤维绳插接——三股绳长插接

三股绳长插接用于同样粗细绳相连接。相连接后，粗细不变，可用于滑车组，但其强度要比原来降低20%左右。

操作准备

三股绳长插接前，先将需要插接的两段缆绳整理平顺，并准备好插接用的木槌、胶布等工具。

操作步骤

操作步骤如图2—43所示。

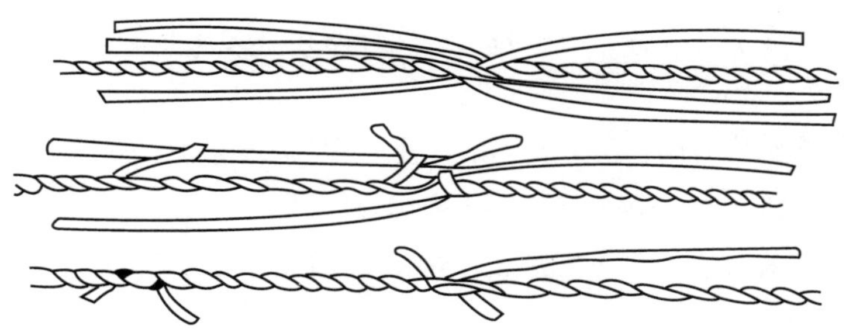

图2—43 三股绳长插法

步骤1 将两端绳各松开绳索同长的几倍左右，并分成三叉形相交结合。将各活股互相交叉插入另一端股缝中后收紧。

步骤2 取相邻两股打一个半结收紧，然后取另两股将其中一股插开，所有孔隙用另一股填补。这样一松一填、距半结约9倍绳周长处打一半结收紧。

步骤3 再取最后的相邻两股，再用上述方法向另一侧一松一填至距半结约9倍绳长处打一半结收紧，然后将3根长活股各逆着股纹压一股插一股、插二花，用木槌敲平后，割去多余绳头即可。

纤维绳插接——三股绳头反插接

三股绳头反插接加强绳头的牢固性，防止绳头松散，延长绳索的使用寿命。

操作准备

准备好插接用的木槌、胶布等工具。

操作步骤

操作步骤如图 2—44 所示。

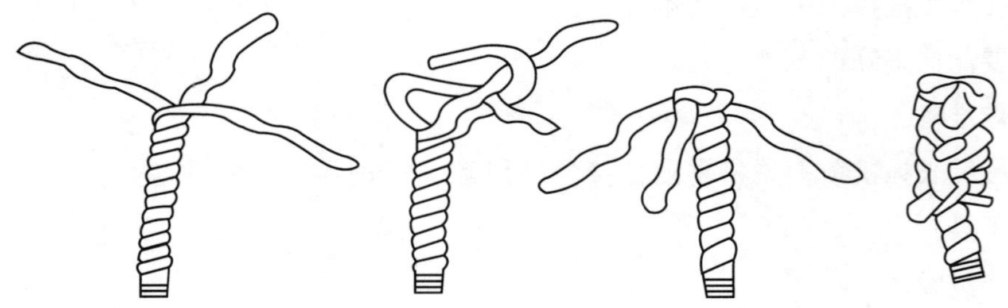

图 2—44　三股绳头反插接法

步骤 1　用左手握住绳头，右手将绳头松开四花（为周长的 3 ~ 4 倍），并分成 1、2、3 股。

步骤 2　按顺绳搓方向，第 1 股压第 2 股、第 2 股压第 1 股并压第 3 股、第 3 股压第 2 股，从第 1 股形成的空隙内自上向下穿出。

步骤 3　将各股收紧，即一花完毕。再依次插二花、三花。

注意事项

插接时，松开的绳头应用胶布包扎好，必须把各股收紧，绳头不宜留得太长或太短。

第3章

船舶维护

3.1 船舶日常维护

3.2 船舶堵漏与应急

知识要求

3.1 船舶日常维护

3.1.1 船舶清洁工作

1. 日常清洁工作

清洁工作是船体保养的经常性工作之一，其目的是：保护船体、船体以上上层建筑、各种器材、设备等不受损坏，并从中了解是否患有某些隐患。同时也起到改善船上船员生活环境、保护船员身体健康的作用。

船舶每个部位每天都需要进行清洁工作。对于船员来说，每人均应按照划定的区域和分工做好各自的工作。

日常的清洁工作主要是对甲板、通道、舱室、操舵室等部位（上、下午各进行一次），先用扫帚扫清，再用拖把拖干净或擦干净。

船舶在装卸货物后或进出港前通常都应该做好清洁工作。下雨、下雪天要清扫甲板上的积水或积雪。

2. 定期清洁工作

船舶每航次或修船前后均需进行一次大扫除，其范围主要包括船壳、甲板、上层建筑、生活舱等。

（1）船壳。一般安排在港内进行，可以利用停靠码头的机会，在舷外搭跳板进行，可用长柄平背棕刷蘸水刷干净。

（2）甲板。钢铁甲板可用水及竹扫边冲边扫干净，再用拖把拖干净。

（3）上层建筑和舱室内油漆家具。一般可用手抹布或同等效应的有关工具蘸少许洗涤剂或肥皂水擦拭，然后用清水擦干。

（4）玻璃窗、玻璃器具。可用去污粉先擦，然后再用清水洗抹，最后用干布或废报纸擦干净。塑料和有机玻璃类物品最好用棉花蘸酒精擦掉污渍。

3.1.2 船舶除锈与涂装作业

1. 船体除锈种类

船舶是水上运输工具，经年累月与水接触，现代船舶均系钢铁建造，钢铁如直接暴露在空气中便会腐蚀生锈，而水又能加速钢铁的腐蚀。一般钢质船如不采取防锈措施，不到几年就会锈烂报废。但是如果保养得好，则能使用长达几十年。

（1）锈蚀的原因。钢铁生锈是金属锈蚀的最普遍形式，常使用“腐蚀”来称谓船舶锈蚀。船体腐蚀是船体由于与外部介质（水、空气等）发生化学或电化学作用而引起的破坏现象，造成钢铁的化学腐蚀或电化学腐蚀。

1）化学腐蚀。化学腐蚀是金属周围介质直接发生化学反应而引起的腐蚀。这类腐蚀主要包括金属在干燥气体中的腐蚀和金属在非电解质溶液中的腐蚀。

2）电化学腐蚀。电化学腐蚀一般是指金属与电解质起电化学作用而发生的腐蚀。电化学腐蚀必须有两个条件：①有两种电位不同的金属相接触，有电位差。②被电解液浸湿，电极电位低的金属容易失去电子成为阳极而被腐蚀。

电化学腐蚀比化学腐蚀更为普遍、厉害，而且电化学腐蚀与化学腐蚀往往是同时进行的。

（2）防止腐蚀

1）保护甲板。在船体构件上如车叶附近的艉架、舵杆、舵叶和船壳外板等处安置电位比钢铁低的小块锌板或镁板，使电化学腐蚀集中在锌或镁上，以减轻钢铁船体和构件的腐蚀。

2）涂装保护。在钢铁表面涂以涂料（最常见）、油脂、水泥浆等非金属保护层，使金属表面和外界的电解液等腐蚀性物质隔开而避免腐蚀。在油轮的货油舱内壁涂一层塑料薄膜，效果也很好。

（3）除锈方法。随着技术革新运动的开展，在修造造船厂对船体大面积除锈多采用效率较高的机械除锈、喷射除锈、高压水除锈等技术，但对小面积的局部除锈仍采用手工工具。

1）手工敲铲除锈：用手工除锈工具敲击、铲刮、磨刷钢材表面，除去锈层、旧漆和污物的方法，适用于小面积、拐角以及不易使用各种机械除锈的金属面。

①敲锈锤（榔头）：两端有互相垂直的刀口，可用于敲除厚锈。其中直刀口可用于敲直缝的锈，横刀口可用于敲横缝的锈。

②铲刀或刮刀：可用于铲除薄锈和旧漆。目前船员多采用锋钢刀口和铲刀，工作效率比普通铲刀高得多。

③钢丝刷：用于刷除薄锈和锈粉。

特别提示

手工除锈的注意事项

1. 准备好工具。铲刀要磨快，榔头把装紧，榔头两端的刀口不能太钝，也不能太锋利。

2. 敲锈用力要适当。既要把锈敲除，又不能损坏钢板和留下刀痕，尤其在敲水线下和焊缝等处的锈时更要小心，避免敲出漏缝。

3. 注意安全。敲锈时人与人不要相距太近，不要面对面敲铲。敲锈时必须戴上防护眼镜和防护手套。

4. 从上到下、从里到外依次清除彻底，不要遗漏。

5. 除锈后应及时涂漆。如当天不能涂底漆可先涂油漆，以防生新锈。

2）机械除锈：用机械冲击、磨刷、敲打金属面，除去锈层、旧漆和污物的方法，一般有两种方式。

①借助电力或压缩空气带动不同工具敲打金属面，达到除锈的目的，如风动砂轮除锈、电动除锈机除锈等。

②用压缩空气将固体颗粒或高压水流直接喷射金属表面，以冲击和磨刷方式达到除锈的目的，如喷丸（砂）除锈、抛丸除锈、高压水除锈。机械除锈的效率高，适用于大面积除锈，被船舶修造厂广泛应用。

3）化学除锈：化学除锈习惯称法为“酸洗除锈”。金属的锈蚀产物主要是金属的氧化物，化学除锈就是利用酸液与这些金属氧化物发生化学反应，从而除掉金属表面的锈蚀产物。

2. 涂装作业

（1）刷涂法。用涂刷刷涂涂料是最普通的施工方法。

漆刷是用猪鬃或其他兽类的毛制成的。常用的漆刷有各种尺寸的扁刷、圆刷、笔刷、弯头刷等。现在船上普遍使用的有滚筒漆刷，大面积刷涂料使用滚筒漆刷最合适，工作速度快、效果好，但漆后漆纹没有扁刷好看，有时仍需要用扁刷加工。扁刷的应用很普遍，用扁刷可以将涂膜修成很整齐的刷纹。圆刷使用的范围很小。笔刷用来描绘水尺、载重线及写字用。弯头刷则用来涂刷难涂的缝隙。

根据所涂地方的不同应采用各种合适的漆刷，以提高工作效率。使用扁刷时，最好在刷柄根部钉一枚小铁钉，以便把漆刷挂在涂料桶上。

涂刷涂料时，漆刷毛1/2蘸涂料，然后把漆刷毛朝上，不使所蘸涂料下滴，再将涂料刷到涂面上。一般先横向涂刷，首先将涂料摊开，刷成薄而均匀的一层，然后上下涂刷。涂刷时，手腕要灵活，特别是涂刷不光滑的钢板，手腕要灵活转动，使钢板上每个缝隙都能涂上涂料。最后进行修漆纹，每次修漆纹方向应一致，才能使涂料接头平顺。

涂刷涂料时，有时必须刷两种不同的颜色，如涂刷船壳水线，交界处必须刷直，一般先涂刷浅色的地方，后涂刷深色的地方。刷线时，为了使漆刷拿稳，可以把中指、无名指和小指伸直，帮劲拇指及食指用力，容易刷得直。

（2）涂刷涂料的基本原则

1）先上后下。因为涂刷涂料时，先涂上面，即使涂料滴落或流挂到下面也没关系，待涂刷下面时，可顺手将上面滴落的涂料抹掉，涂刷下面时不会影响到上面的漆面。

2）先难后易。先涂刷角落及狭窄的地方，后涂刷容易的地方。如果先涂刷容易的地方，再涂刷角落狭窄的地方，涂刷时要避免手臂或身体不碰擦刚刚涂刷好未干的漆面，操作很不方便。

3）先里后外。道理与先难后易类似。

（3）涂装施工的安全注意事项

1）高空作业时，要使用安全带，涂料桶及所用其他工具材料应装在一个桶内，再带到高空，要防止涂料桶及工具落到甲板上，击伤甲板上的工作人员。

2）航行中不能在舷外进行涂装作业，如果在架板上或小艇上进行舷外涂装，不仅要系好安全带，而且应该杜绝舷边所有排水孔及泄水孔的出水。

3）清除铁锈和漆皮时，必须戴上防护眼镜。使用喷灯时，应开启通风窗，以免产生一氧化碳气体引起中毒。还应注意防止水面着火，易燃物品必须移开。

4）在舱内如涂刷红丹、黑沥青漆等含有毒质的涂料时，应注意通风，工作人员要定期出来休息，最好有专人在外面照顾，以防万一。

5）涂料干燥过程中，一方面吸收氧气，另一面放出二氧化碳。因此即使在面积较大的舱室，涂料未完全干燥之前，应禁止在舱内睡觉，以免中毒。

6）在涂装施工现场，禁止使用明火，同时，蘸过涂料和松香水的抹布、棉纱头，不能乱丢，应该放在规定地方回收，因为这些物品能助燃，易引起火灾。

7）施工现场的照明灯，应用玻璃罩防护好。通风机、照明灯应使用安全电压。

3.1.3 涂料调配

1. 调和漆

调和漆是成品漆，开桶后经调匀即可使用。3.7 kg 以下包装的各种涂料，开桶前先将桶充分摇动，开桶后应用调漆棒上下搅拌，将颜料和涂料调匀。如 18.5 kg 以上的桶装调和漆，最好在使用前一两天先将桶颠倒，使沉淀颜料松动，然后再开桶搅拌，这样可省时、省力，涂刷质量也较好。

2. 涂料颜色的调配

可以根据需要自行调配各种色漆，但必须了解各种颜色的变化范围。

色彩是由红、黄、蓝、白、黑五种基本颜色组成的。各种颜色是由红、黄、蓝三种最基本的颜色调配而成的，所以称这三种颜色为原色，如果将红、黄、蓝三种原色在一起调配，则成黑色。如图 3—1 所示的色轮图，虚线三角所示的为相邻两种原色相加调配所得的复色，余下的另一个原色则为其补色。补色加入复色中，会使其颜色变暗、发土，甚至变成灰色或黑色。

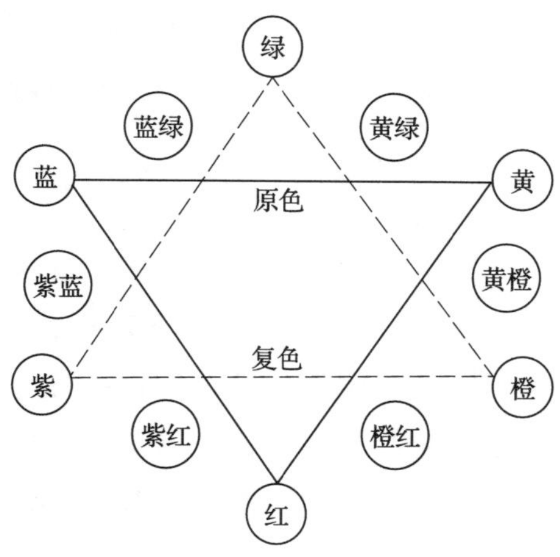

图 3—1　色轮图

不同颜色的涂料调配比例如下：

奶黄色 = 白 4∶黄 5.5∶红 0.5

蓝灰色 = 白 7.5∶黑 1∶蓝 1.5

湖绿色 = 白 4∶黄 3∶蓝 3

墨绿色 = 蓝 7∶黄 2∶黑 1

肉色 = 白 4∶红 3∶黄 3

棕色 = 黄 8∶红 1.5∶黑 0.5

3. 调配颜色注意事项

（1）对于船舶某一位置的某种颜色必须一次调成。多次或分次调的颜色，很难调得一致。

（2）不同性能的涂料不能混调。

（3）应尽量选择颜料密度相近的涂料调配，以防密度大的颜料沉底而变色。

（4）如使用干的颜料配色，应先用稀释剂溶解后再少量逐渐加入。不可直接用干色粉调入涂料中，以防其集结成大颗粒，调和不均匀，影响涂膜美观和附着力。

（5）调色时，应以浅色为基础，慢慢加入深色。最好在白天调色，观察更加准确。

4. 涂料及涂装工具的保管

（1）涂料的保管

1）涂料是化工制品，存放时间不宜过长，以免产生沉淀和变质。各种涂料都有一定的储存日期，一般为 6 ~ 18 个月不等。因此，领用涂料应有预算，以免造成浪费。

2）涂料间应干燥通风，阴凉隔热。涂料间温度最好在 20℃ 左右。

3）涂料间应注意防火。有的涂料还能产生氢气，遇火就能爆炸，要注意经常检查涂料桶有无破漏。

（2）涂装工具的保管

1）连续使用的油性漆刷，不用时将刷毛全部放在水槽中。较长时间不用时，应用松香水或煤油将漆刷洗净，再用温肥皂水和清水洗净晾干后存放。

2）使用新刷时，应将新刷用温水浸洗，可防止刷毛脱落或刷毛太硬。

3）每次涂刷完毕，应将涂料桶内的剩漆刮净，将剩漆集中在一个桶内。如果桶内积结的漆皮较厚时，可用微火将漆皮烧掉，然后用刮刀刮净，再用棉纱头擦干净。

3.2 船舶堵漏与应急

3.2.1 堵漏器材

1. 堵漏板

堵漏板是用以阻挡周围平整的中小型破洞、裂口的各种板件，由两层木板以纹理纵横交叉的方式重叠钉成。规格大小不一，但宽度须小于肋骨间距，厚度应随规格的增大而增厚，一般船舶备有300 mm×300 mm×10 mm以下的木板制成的堵漏板。堵漏时，应在板和破洞间放置软垫，以增加水密程度。也可在板中先钻好孔，然后用堵漏丝杆扣紧在破损部位。因结构不同，有软边堵漏板（见图3—2）、活页堵漏板（见图3—3）。

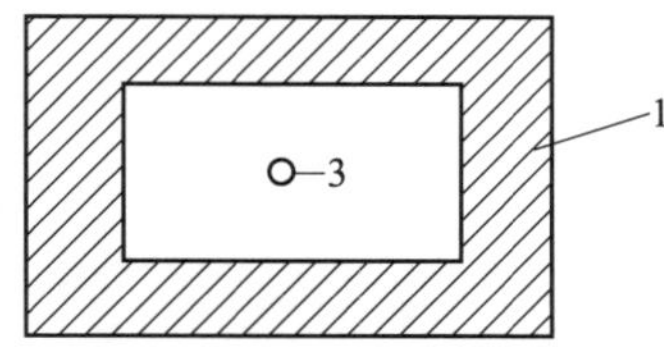

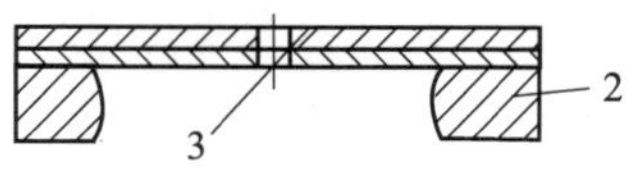

图3—2 软边堵漏板图

1—堵漏板 2—软垫 3—孔眼

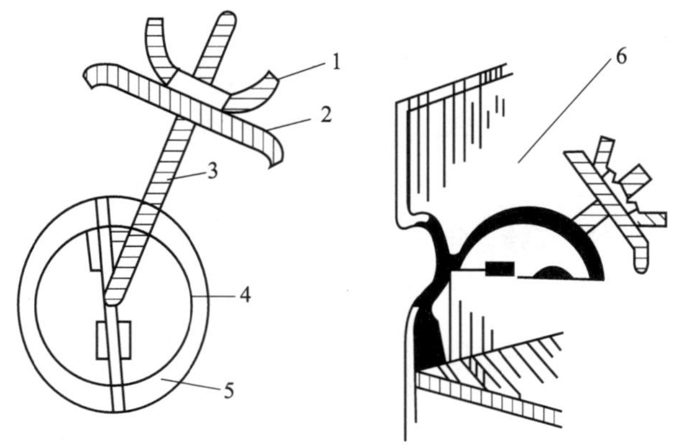

图3—3 活页堵漏板

1—蝶形螺帽 2—撑架 3—活动螺杆 4—橡皮衬垫 5—堵漏板 6—船壳板

2. 堵漏盒

堵漏盒是用木材和钢板制成的无底方盒。开口的四周镶有橡皮垫，上盖板中间开有小孔以便与螺杆连接，适用于船舶破洞向舱内翻卷的洞口，如图3—4所示。使用时将堵漏盒盖住洞口，并用支柱或螺杆固定。钢板堵漏盒必要时可用角铁焊牢在船体上。

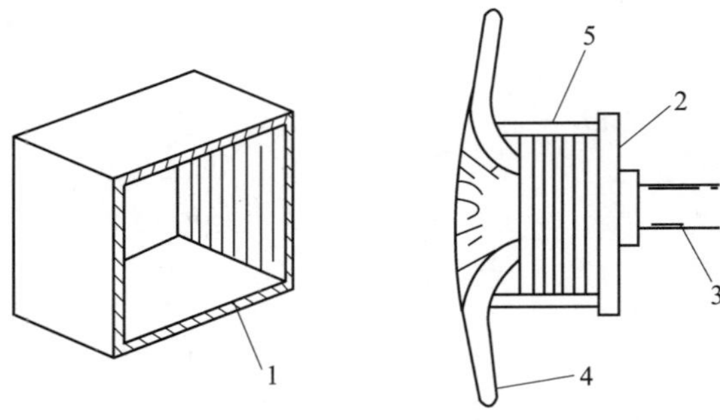

图 3—4　堵漏盒

1—堵漏盒　2—垫木　3—支柱　4—船壳板　5—橡皮垫

3．堵漏螺杆

堵漏螺杆是在船舶破损堵漏时，用以固定和扣紧堵漏板或堵漏盒的螺杆夹紧器。堵漏螺杆有下列几种（见图 3—5）。

（1）活动堵漏螺杆。在螺杆一端装设活动横杆，使用时，可以折合后插进不同形状的破洞。一般螺杆与横杆的长度均为 600 mm，特点是操作方便。

（2）T 形堵漏螺杆。用途与活动螺杆相似。横杆固定垂直于横杆，一般长度仅 500 mm。缺点是横杆不能活动，操作不便，堵塞漏洞的大小也受限制。

（3）钩头堵漏螺杆。螺杆前端弯成钩形，使用时，先用结实木板或铁板，并垫上软垫子，选几个适当的位置钻孔，将钩头穿成孔外，勾在漏洞周围的船壳钢板上，上紧蝶形螺帽。特点是便于堵塞卷边向舷外的漏洞。

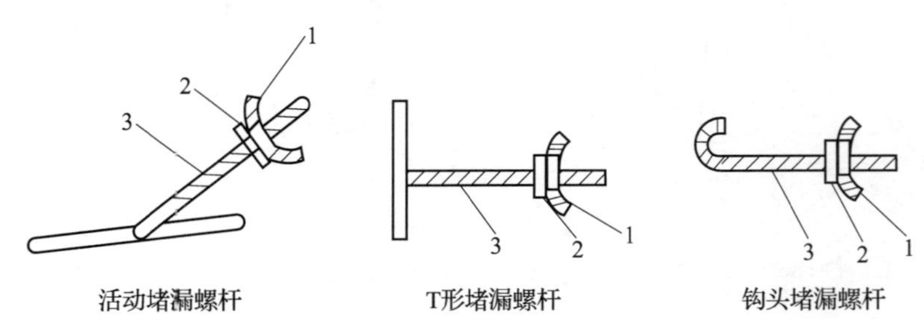

图 3—5　3 种堵漏螺杆

1—蝶形螺帽　2—垫圈　3—螺杆

4．堵漏木塞

堵漏木塞用质软、不易劈裂的橡木或杉木制成，用来堵塞 5 ~ 150 mm 的圆形或近似圆形的破洞、柳钉孔或破损管的器材。使用时便于打紧，被水浸泡膨胀后将卡得更紧，不易滑脱。堵漏木塞分平头和尖头两种。木塞顶角以不超过5°为宜。

5. 支撑柱

支撑柱是用于临时支撑堵漏器材的木柱。一般与堵漏垫木、堵漏木锲等配合使用。支撑柱一般选用松木制成圆形或方木的长条木材，要求干燥、无裂缝、无虫伤、端部平整。

6. 堵漏垫板

堵漏垫板是垫在堵漏器材背面或下面的木板，一般厚度为25～50 mm。其作用是加强堵漏用具的强度，并使支撑柱顶端的力平均分布在堵漏用具上，或使支撑柱低端力平均分布在甲板及其他支撑结构上。

7. 堵漏器材的保管要求

船舶配备的堵漏器材必须妥善保管，即使“备而不用”，也必须“常备不懈”。其保管要求如下：

(1) 对堵漏器材的保管实行“三专”，即指定专人负责保管和保养各种堵漏器材；堵漏器材存放在专门规定的地点；任何堵漏器材专用于船舶堵漏，平时不准移作他用。

(2) 对铁质堵漏器材，应经常保养，防止生锈，活动部分应经常加润滑油，以保持灵活。

(3) 所有纤维材料，如堵漏毯、帆布、麻絮、棉絮、破布等要经常暴晒、通风，保持干燥，不使霉烂。

(4) 木质器材，如木锲、木塞、木支柱等，不可存放在高温或潮湿的地方，以防烘脆或霉烂。

(5) 水泥应放在空气畅通的干燥地方，以防受潮变质。每月6个月检查一次，发现变质应立即更换。

(6) 橡胶部分不可涂油。

3.2.2 船舶应急部署

1. 应变警报

“·”表示汽笛、警报器、口哨鸣一短声；“—”表示一长声；“★”表示钟声，应变警报详见表3—1。

表 3—1　　应变警报

类型	警　报
弃船	・・・・・・・—
救生	—・—・
进水	——・
人落水	———
人自左舷落水	———・・
人自右舷落水	———・
救火	・・・・・・・・・・・ ★★★★★★★★★★★
前部失火	一阵乱钟后接敲　★
中部失火	一阵乱钟后接敲　★★
后部失火	一阵乱钟后接敲　★★★
机舱失火	一阵乱钟后接敲　★★★★
上甲板失火	一阵乱钟后接敲　★★★★★
解除警报	————（一长声，连放 1 min）

2. 应变注意事项

（1）船舶必须按规定数量配置应变器材，并按有关规定进行养护和定期检查，使其随时处于良好状态。

（2）应变部署所规定的各项任务，如救火、进水抢险、人落水营救、舵机失灵应变、救生等，一般每月至少应演习一次，并将演习结果详细记入航行日志，包括演习的时间、内容、人员赶到现场的时间、救生艇下水和消防水龙带出水的时间、检查设备的情况等。船舶平时应变部署表定期举行应变演习，才能做到在发生意外时临危不乱。

演习时一定要从实际出发，可以是单项的，也可以是综合的。例如由消防转入救生，或由消防转入堵漏，再转入救生等。演习不但要在白天进行，而且还要在黑夜进行。领导应以身作则，严格要求。每次演习后应认真总结，不断提高。在演习中检查出的有关器材设备问题，应立即解决。

3.2.3 环卫作业船修理

1. 船舶修理分类

船体和设备在运营过程中会自然损耗，会随着时间的推移暴露出某些缺陷，发生或大或小的损坏。为了保证其能够继续安全使用，必须有计划地进行修理。船舶的修理可分为航修、小修、检修和事故修理等。

(1) 航修。航修是船舶在营运期中，发生影响航行而必须由船厂或航修站协助进行的一般修理工程。航修通常是利用等泊位或在港装卸期间进行的。必要时由船厂、航修站派人随船抢修，其期限与范围视损坏情况而定。航修工作尽可能不影响船舶生产。

(2) 小修。小修是按规定周期有计划地结合“中间检验”或“年度检验”进行的厂修工程，钢质机动船每年进行一次。

小修工程主要是对船体、舵设备、锚设备及管系等主要装置进行重点检查和修理。一般只是对原有的设备进行研磨、调整、更换零部件。对于局部耗蚀过度的船壳板、甲板等，做合理的贴补或挖补。

(3) 检修。检修是按规定周期每2~3个小修结合“特别检验”进行的厂修工程。钢质机动船每4~6年进行一次。

检修的目的是对船体、主机及其他设备进行全面检查，重点修复在小修时不能修复的较大缺陷，以保持和恢复船舶强度和主要设备的安全运转性能。检修期间发现的问题，凡必须立即修复的均应修复。但与那些连带工程不大而又可以安全使用到下次检修解决的，可以做好记录，在下次检修时修复。

(4) 事故修理。事故修理是指对因发生事故而损坏的船舶进行修理。这类修理如果工程范围较大，航修难以胜任的，则仍需安排修理计划。事故修理的项目、范围和期限，一般可由船舶检验部门的验船报告所载的实际损坏情况和修复要求来确定。事故修理在实施前，仍需要开具修理单交给承修的船厂。对于轻微的事故损坏，在不影响适航性能、无碍安全营运的前提下，可以做好记录，并注明“事故修理”，要求船厂对这部分修理费另开发票，并在发票上加盖“事故修理”字样的图章，以作为索赔的凭证。

2. 船舶进厂修理

(1) 编写修理文件。船舶修理文件是船舶和机务部门向船厂提出的修船工程的基本技术文件，是机务部门和船厂安排修船计划及船厂做好船舶进厂修理前施工准备工作的依据。

1）填写主要工程摘要单及主要事项。主要工程摘要单是机务部门、船厂安排修船计划和船厂进行预制件的依据。主要工程摘要包括的内容有：主要工程项目、特殊材料、特殊要求等。

编写主要工程摘要单必须简明扼要，表达出主要工程项目及范围的轮廓。对零星工程、易耗件、经常修理的工程，工艺方法、技术标准、因修理而引起的附带工程等可以不写。

主要工程项目系指：船体及其构架、舵机、锚机、工程专用设备、上排修等工程中的重要项目，如船体钢板换新三张以上、大面积敲铲油漆。

小修工程中如无主要项目，也不需要机电设备和特殊材料者，除填写封面外，只需在“主要工程摘要”栏中简略写“一般维修工程”即可。

主要工程摘要单由船员负责编制，按规定时间报机务部门，一式四份。机务部门审定后，送船厂两份，退船方一份。

2）填写修理单注意事项。船舶修理是船方和机务部门向船厂提出的修理文件，是机务部门和船厂安排季度和月度修船计划的依据，船厂凭此做好船舶进厂前的施工准备工作。

①填写修理单要简单明了。可以三不写：不写工艺方法、技术标准和附带工程。重大工程必须和工程摘要单相符，即机电设备、特殊材料和预制件不能随便更改。

②船员平时无法拆卸检查，不能确切决定修理内容的项目，只写“拆卸检查后决定修理内容”。但应估计出需修换的部件名称、规格、数量。船厂对隐蔽工程拆检后，应提出拆检报告，经机务部门或船员签认后，作为补充修理单。

③对可以预制的部件，应在修理单上绘制草图，或由机务部门供应图样，必要时注明请船厂派人上船测绘。

④船员自修的项目及需要的配件和材料，应另列清单，报机务部门，不能混写在厂修的修理单内。

⑤修理单由船员按坞修、甲板、轮机、电气工程、专用设备等部分编写，一式四份，按规定时间送机务部门审核。

船厂接到修理单后，必要时，应会同机务部门上船核对。核对后的修理单和拆检报告是编制施工单、估价单和签订合同的依据。

3）修理单的内容

①名称和部位。如外板应按排列编号标明，甲板应注明甲板名称和部位；甲板设备应注明设备名称，并以甲板层次和左右舷等注明其位置。

②损坏情况。应根据实际情况，写明属于何种损坏及损坏范围、程度，如锈蚀、磨损、弯曲、变形、折断、裂缝等。

③修理要求。根据实际情况提出具体意见，包括检查、测量、修理要求，如局部割换、校正、换新等。凡因修理或检查需要而进行的拆装工程也应明确写出。

④材料规格及数量。对要求修理、换新的构件、零件都要写明其规格和数量。对某些特殊的备件还应画出草图，注明尺寸，以估算材料数量。

⑤试验及验收。一些测试、试验工作，是决定工程或检验质量必不可少的内容，应在修理单的工程项目中填报，并注明“测试记录”“试验报告”“验证证书”，交船上。

⑥进厂后，船舶的供电、供水、垃圾的清除等都应作为一个工程项目，专门列出，不能遗漏。

4）编写修理情况介绍

①主要工程单摘要

<table>
<tr><td colspan="3">××轮船公司</td></tr>
<tr><td>××轮（驳）</td><td colspan="2">___小___修</td></tr>
<tr><td>船质　钢质</td><td colspan="2">类型　杂货船</td></tr>
<tr><td>计划进厂日期××年×月×日</td><td colspan="2">修理天数××天</td></tr>
<tr><td colspan="3">厂修费用预算××万元</td></tr>
<tr><td colspan="3">船舶主要规格</td></tr>
<tr><td>总长××m</td><td>船宽××m</td><td>型深××m</td></tr>
<tr><td>空船吃水：首××m</td><td colspan="2">尾××m</td></tr>
<tr><td colspan="3">空船排水量：××t</td></tr>
<tr><td colspan="3">载货定额：××t</td></tr>
<tr><td colspan="3">动力设备：</td></tr>
<tr><td>主机型号 WD61500C</td><td>台数 2</td><td>额定功率 91.00 kW</td></tr>
<tr><td>船长（驾长）××</td><td>船队或机务部门××××</td><td></td></tr>
<tr><td>填表日期</td><td colspan="2">___年___月___日</td></tr>
</table>

②主要工程单格式

序号	主要工程单摘要	备注	
1	船体钢板换新四块		
…	…	…	

③修理单格式

序号	工程内容	
1	船艏右舷甲板系缆桩复板	
…	…	

（2）交修与验收

1）交修。船舶应按规定的计划日期进厂交修。机务部门应密切联系调度部门，保证如期交厂。如确因特殊情况不能交修时，双方应事先协商，征得同意后另定进厂日期。

进厂交修前，船舶必须卸空货物，卸去不必要的物品，油轮还应做好洗舱工作。

委派单位应派驻厂代表。驻厂代表的任务是：船舶进厂前联系进厂准备工作，船舶进厂后，确定补充工程，解决施工中的疑难问题，把好质量关，掌握工程进度，指导船员自修，协调厂、船关系，并参加完工验收。

船舶进厂后，在规定天数内召开进厂会议，由船厂、船方、委修单位的代表参加，具体商讨如下事宜：

①交换厂、船制度和注意安全等有关事项。

②研究如何配合，保证将船修好、修快的具体措施。

③商定船员自修工程的加工件，厂、船交件的日期。

④船舶进厂会由船长主持召开。

⑤对属于拆检工程项目，船舶进厂后，在规定天数内作出补充。

⑥船舶交修后的安全工作以船长为主，船员配合，共同负责。

2）验收。凡经过修理的船舶重要部位，如船体、外板、机械、设备、管系都必须进行验收。

验收的前提是在各类设备经过各项技术要求规定的条件下进行条件验收。一般需进行下列试验：

①船体密性试验。

②船体各部分试验。

③各种管系的液压试验。

④系泊试验。

⑤航行试验。

（3）船舶检验。船舶检验是国家授权或国际上所承认的船舶检验机构或个人，按照公约、规范或规则的要求，对船舶的设计、制造、材料、机电设备、安全设备、技术性能及营运条件等进行的审核、测试、检查和鉴定。

船舶检验是对船舶技术状态进行鉴定和监督的过程，船舶技术证书是证明船舶技术状态的文件，船舶只有经过检验，才能取得相应的船舶技术证书。

船舶检验的意义在于：使船舶处于良好的技术状态，以保证船舶安全航行，为办理船舶登记、保持航区、降低保险费率、索赔、处理海事等提供便利，保证政府对船舶的管理和控制。

船舶检验通常分为船级检验、公证检验和法定检验3种。

1）船级检验。船级检验（又称入级检验）是指某个船级社根据船舶所有人为商业目的自愿申请对船舶进行检验。查核船舶的船体、设备、轮机（包括电气设备）和（或）货物冷藏装置是否处于良好和有效技术状态的检验。

2）公证检验。公证检验是验船机构以独立的第三者的身份对船舶技术状况或原因进行鉴定认可、出具证明的一种检验。船舶发生海损事故或机损事故，受船方或保险公司申请，或制造商为了推销其产品的申请，验船部门进行原因分析，确定损坏部位、损坏修理工程项目、修理估计或产品安全性检验；船舶起退租检验；索赔检验；存油水数量的测定；船舶买卖技术鉴定等，都属于公证检验范围。验船部门进行公证检验后，提出报告或出具公证检验证明，作为交接、计费、索赔或技术鉴定的有效凭证。

3）法定检验。法定船舶检验是船旗政府法律、法定规定的监督检验，由政府指定的验船师或授权组织和人员执行。

法定检验的依据是船旗国政府颁布的法律、法规和批准或接受的国际公约以及据此制定的规范与标准。法定检验包括以下三个阶段：

①审查批准船舶设计图纸。

②船舶建造中的检验。

③船舶投入营运后的定期检验。

法定检验是政府为保证船舶安全而强制实施的，是国家主管机关按有关规定要求对船舶结构、稳性、锅炉及其他受压容器、主辅机、电气设备、无线电通信设备、救生消防设备、航行设备、信号设备、防止污染设备和载重线等进行的技术监督检验，是对船舶管理和控制的手段。

（4）修船期间的安全注意事项。修船过程中必须注意安全，工作人员必须遵守各种操作规程和安全制度。主要应注意以下事项。

1）接岸的电线应挂起系牢，不得任意放在甲板上，工作调整换灯泡应先关闭电源。

2）检查舵时，应在驾驶室舵轮上挂上“下面检修舵，勿动舵轮”的牌子，检修电器时，应在电门上挂上“正在检修”字样，并关闭舱内电灯，必须预先通告用灯场所所有人员，以免发生事故。

3）电焊工程应有专人检查其周围有无易燃物品，收工后尚需巡视，以防隐火蔓延。

4）舱口盖和人孔揭开后应设置明显的标志，放置照明灯并围以绳子等阻拦物，工作完毕要盖好舱口盖、人孔盖。

5）使用梯子前，应在下端绑扎橡皮之类的防滑物，如仍觉不安全，须派人扶或用绳子绑牢，以免滑跌。

6）在积雪、结冰的露天甲板上工作时，应先将甲板打扫干净。做舷外临水作业时，应挂有救生绳或绳梯，并派专人瞭望来往船只，注意临水工作人员安全。

技能要求

涂料颜色调配

操作准备

准备好调色用的调色板、色彩样板，以及需要的红、黄、蓝涂料及调色器具等。

操作步骤

步骤 1 判断色彩样板颜色和组成原色。

步骤 2 按原色配比用调色笔将需要的涂料颜色放至调色盘，加适量水调匀。

步骤 3 整理清洁现场和调色器具。

注意事项

调色时，应以浅色为基础，慢慢加入深色。

第 4 章

避碰与信号

知识要求

4.1 内河避碰规则

4.1.1 总则

1. 宗旨及适用范围

(1) 宗旨。为维护水上交通秩序，防止碰撞事故，保障生命、财产的安全，制定本规则。

(2) 适用范围。在中华人民共和国境内江河、湖泊、水库、运河等通航水域及其港口航行、停泊和作业的一切船舶、排筏，均应当遵守本规则。

船舶、排筏在国境河流、湖泊航行、停泊和作业，按照中国政府签有的协议或者协定执行。

船舶、排筏在与中苏国境河流相通的水域航行、停泊和作业，不适用本规则。

2. 责任

船舶、排筏及其所有人、经营人以及船员应当对遵守本规则的疏忽而产生的后果，以及对船员通常做法所要求的或者当时特殊情况要求的任何戒备上的疏忽而产生的后果负责。

不论由于何种原因，两船已逼近或者已处于紧迫局面时，任何一船都应当果断地采取最有助于避碰的行动，包括在紧迫危险时背离本规则，以挽救危局。

3. 特别规定

本规则各条规则不妨碍各省、自治区、直辖市港航监督机关及长江港航监督局，黑龙江港航监督局根据辖区的具体情况，制定包括分道通航等有关交通管制的特别规定，特别规定应当尽可能符合本规则各条规定，报交通部批准后生效。

4. 定义

(1)“船舶”是指各种船艇、移动式平台、水上飞机和其他水上运输工具，但不包括排筏。

(2)“机动船”是指机器推动的船舶。

(3)“非自航船”是指驳船、囤船等本身没有动力推动的船舶。

(4)“帆船”是指任何正在驶帆的船舶，包括装有推进器而不再使用者。

(5)“拖轮”是指从事吊拖或者顶推的任何机动船。

(6)“船队”是指拖轮和被吊拖、顶推的船舶、排筏或者其他物体编成的组合体。

(7)“快速船”是指静水时速为 35 km 以上的船舶。

(8)“限于吃水的海船”是指由于船舶吃水与航道水深的关系，致使其操纵、避让能力受到限制的船舶。限于吃水的海船的实际吃水在长江定为 7 m 以上，珠江定为 4 m 以上。

(9)“在航”是指船舶、排筏不在锚泊、系靠或者搁浅。

(10)“船舶长度”是指船舶的总长度。

(11)“航路”是指船舶根据河流客观规律或者有关规定，在航道中所选择的航行路线。

(12)“顺航道行驶”是指船舶顺着航道方向行驶，包括顺着直航道和弯曲航道行驶。

(13)“横越”是指船舶由于航道一侧横向或者接近横向驶向另一侧，或者横向驶过顺航道行驶船舶的船艏方向。

(14)“对驶相遇”是指顺航道行驶的两船来往相遇，包括对遇或者接近对遇、互从左舷或者右舷相遇、在弯曲航道相遇，但不包括两横越船相遇。

(15)“能见度不良”是指由于雾、霾、下雪、暴风雨、沙暴等原因而使能见度受到限制的情况。

(16)“潮流河段”是指沿海各省、自治区、直辖市港航监督机关及长江港航监督局划定的受潮汐影响明显的河段。

(17)“干、支流交汇水域”是指不与本河(干流)同出一源的支流与本河的汇合处。

(18)“叉河口”是指与本河同出一源的叉河道与本河的分合处。

(19)“平流区域”是指水流较平缓的运河及水网地带。

4.1.2 航行与避让

1. 行动通则

(1)瞭望。船舶应当随时用视觉、听觉以及一切有效手段保持正规的瞭望，随时注意周围环境和来船动态，以便对局面和碰撞危险作出充分的估计。

瞭望的手段中作业最大的是“视觉”瞭望，即用肉眼进行观察，包括借助望远镜进行瞭望，但不包括用雷达协助瞭望、运用雷达进行标绘或系统观察。

在用视觉进行瞭望时要注意:

1)全方位。从条文中的“周围环境”的要求理解，应该以驾驶室为中心的360°的全方位瞭望，不但要注意正前方的，还要注意左右两舷和船艉的情况。如：观察艄位方向的灯浮以检查本船的航路，追越到与前船并排航行时，通过对处于一舷的他船的观察来判断双方的横向安全距离等。全方位的瞭望也要求在能见度不良安排“瞭头”时，对各人瞭望的方位要有布置，防止遗漏。

2)有重点。瞭望的重点是最有可能构成碰撞危险的对象。如：反方向对驶的船，逐渐接近的被追越船，横越本船船艏的船，夜间不点灯或灯光时隐时现的船等。对这些瞭望的重点对象要从发觉起直至安全驶过的全过程都跟踪观察，注意其变化。

3)不间断。瞭望时应遵循的规律是：先近后远，先正前方后两舷，先正横前后正横后，如此循环。不论周围是否有来船，不论来船是否构成碰撞危险(航行或锚泊)，值班驾驶在整个值班期间不应中断视觉瞭望。

听觉和其他手段的瞭望与视觉瞭望相比，直观性差，不易迅速作出正确的判断，但作为视觉瞭望的辅助手段也是必不可少的，在能见度不良等特殊情况下，还会上升为主要瞭望手段。

“听觉”瞭望就是靠耳朵收听他船的声号，收听他船或岸上航监部门的无线电通信或广播来了解周围环境和来船意图，虽然目前甚高频无线电话越来越普及，但各种避碰规则仍把来船交换声号作为统一双方避让意图的必要手段，不保持听觉瞭望就不可能全面掌握本船所处的环境。

相关链接

一切有效手段

“一切有效手段”指视觉、听觉以外的瞭望方法，包括：

1. 雷达标绘或系统观察。

2. 甚高频无线电话通信。

3. 嗅觉，即根据特殊气味发现来船。

4. 周围环境，本船所处的水域情况，如航道的走向、宽度和水深、助航标志、水底管线、架空电缆、桥梁水闸等。

5. 来船动态，包括周围船舶的种类、动向、对本船的要求等。

（2）安全航速。船舶在任何时候均应当以安全航速行驶，以便能够采取有效的避让行动，防止碰撞。

船舶决定安全航速时，应当考虑能见度、通航密度、船舶操作性能、风、浪、流以及航道情况和周围环境等主要因素。使用雷达的船舶，还应当考虑雷达设备的特性、效率和局限性。

机动船经过要求减速的船舶、排筏、地段和船舶装卸区、停泊区、鱼苗养殖区、渡口、施工水域等易引起浪损的水域，应当及早控制航速，并尽可能保持较远距离驶过，以避免浪损。

由于本身防浪能力或者防浪措施存在缺陷的，不能因本条第三款规定而免除责任。

（3）航行原则。机动船航行时，上行船应当沿缓流或者航道一侧行驶，下行船应当沿主流或者航道中间行驶，但在感潮河段、湖泊、水库、平流区域，任何船舶应当尽可能沿本船右舷一侧航道行驶。

（4）避让原则。船舶在航行中要保持高度警惕，当对来船动态不明产生怀疑，或者声号不统一时，应当立即减速、停车，必要时倒车，防止碰撞。采取任何防止碰撞的行动，应当明确、有效、及早进行，并运用良好驾驶技术，直至驶过让清为止。

船舶在避让过程中，让路船应当主动避让被让路船，被让路船也应当注意让路船的行动，并按当时情况采取行动协助避让。

两机动船相遇，双方避让意图经声号统一后，避让行动不得改变。

1）“有效”指采取的避让动作要使双方在安全的距离上通过，即在可能的情况下，航向改变、航速改变的幅度要大，防止作一连串的小变动，而双方已经逼近的局面出现，也要防止避让后就以为万事大吉，忽视了双方动作不协调而产生的新的碰撞危险。

2）“及早进行”既包括在“对来船动作不明产生怀疑，或者声号不统一时，应当立即减速、停车，必要时倒车”，也包括一旦断定本船是让路船就应主动采取避让行动。

3）“运动良好的驾驶技术”要求掌握本船的操纵性能：正确显示号灯、号型和声号；遇到突发情况时要沉着冷静；在避让来船的过程中还要注意本船的环境正确，适当使用车舵，防止本船偏离航道，防止搁浅、触礁或碰撞第三船的情况出现。

4）“驶过让清”指双方以安全的距离交会通过，并要求负责避让的一方在会船以后所采取的任何行动，如转向、恢复原航向、靠泊、倒车避让另一船等，都不会对刚避让过的船重新构成碰撞危险。

2. 机动船相遇，存在碰撞危险时的避让行动

（1）机动船对驶相遇。两机动船对驶相遇时，除本节另有规定外，应遵循以下规定。

1）上行船应当避让下行船，但在感潮河段，逆流船应当避让顺流船；在湖泊、水库、平流区域，两船中一船为单船，而另一船为船队时，则单船应当避让船队。

2）在感潮河段、湖泊、水库、平流区域，两船对遇或者接近对遇，除特殊情况外，应当互以左舷会船。

3）机动船驶近弯曲航段、不能会船的狭窄航段，应当按规定鸣放声号，夜间也可以用探照灯向上空照射以引起他船注意，遇到来船时，除按上述二项规定避让外，必要时上行船还应当在弯曲航段或者不能会船的狭窄航段下方等候下行船驶过。

（2）机动船追越。一机动船正从另一机动船正横后大于22.5°的某一方向赶上、超过该船，可能构成碰撞危险时，应当认定为追越，并应当遵守下列规定。

1）在狭窄、弯曲、滩险航段、桥梁水域和船闸引航道禁止追越或者并列行驶。

2）在可以追越的航道中，追越船必须按规定鸣放声号，并取得前船同意后，方可追越。

3）在追越过程中，追越船应当避让被追越船，不得和被追越船过于逼近，禁止拦阻被追越船的船头。

4）被追越船听到追越船要求追越的声号后，应当按规定回答声号，表示是否同意追越，在航道情况和周围环境允许时，被追越船应当同意追越船追越，并应当尽可能采取让出一部分航道和减速等协助避让的行动。

（3）机动船横越和交叉相遇。机动船在横越前，应当注意航道情况和周围环境，有碍他船行驶时，按规定鸣放声号后，方可以横越，除本节另有规定外，机动船横越和交叉相遇时，应当按下列规定避让：

1）横越船应当避让顺航道行驶的船，并不得在顺航道行驶船的前方突然强行横越。

2）同流向的两横越船交叉相遇，有他船在本船右舷者，应当给他船让路。

3）不同流向的两横越船相遇，上行船应当避让下行船，但在潮流河段逆流船应当避让顺流船。

4）在平流区域两横越船相遇，上行船应当避让下行船；同为上行或者下行船横越时，有他船在本船右舷者，应当给他船让路。

5）在湖泊、水库两船交叉相遇，有他船在本船右舷者，应当给他船让路。

（4）机动船艉随行驶。机动船艉随行驶时，后船应当与前船保持适当距离，以便前船突然发生意外时，能有充分的余地采取避免碰撞的措施。

（5）机动船在干、支流交汇水域相遇。机动船驶经支流河口，在不违背《内规》第八条（航行原则）规定的情况下，应当尽可能地绕开行驶，除在平流区域外，两机动船在干、支流交汇水域相遇时，应当按下列规定避让。

1）从干流驶出支流的船，应当避让从支流驶出的船。

2）干流船同从支流驶出的船同一流向行驶，干流船应当避让从支流驶出的船。

3）干流船同从支流驶出的船不同流向行驶，上行船应当避让下行船，但在潮流河段逆流船应当避让顺流船。

4）两机动船在平流区域进出干、支流交汇水域相遇时，有他船在本船右舷者，应当给他船让路。

（6）机动船在叉河口相遇。两机动船在叉河口相遇，同一流向行驶时，有他船在本船右舷者，应当给他船让路；不同流向行驶时，上行船应当避让下行船，但在潮流河段逆流船应当避让顺流船。

（7）机动船与在航施工的工程船相遇。不论本节有何规定，机动船与在航施工的工程船，机动船应当避让在航施工的工程船。

（8）限于吃水的海船相遇。限于吃水的海船遇有来船时，应当及早发出会船声号，除《内规》第十七条外，不论本节有何规定，来船应当尽可能让出深水航道，两限于吃水的海船相遇时，应当按本节各条规定避让。

(9) 快速船相遇。快速船在航时，应当宽裕地让清所有船舶，两快速船相遇时，应当按本节各条款规定避让。

(10) 机动船掉头。机动船或者船队在掉头前，应当注意航道情况和周围环境，在无碍他船行驶时，按规定鸣放声号，方可以掉头。

过往船舶应当减速等候或者绕开正在掉头的船舶行驶。

3. 机动船、人力船、帆船、排筏相遇，存在碰撞危险时的避让措施

(1) 机动船与人力船、帆船相遇时，船舶、排筏均应当遵守下列规定。

1) 机动船发现人力船、帆船有碍本船航行时，应当鸣放引起注意和表示本船动向的声号。人力船、帆船听到声号或者见到机动船驶来时，应当迅速离开机动船航路或者尽量靠边航行。机动船发现与人力船、帆船距离逼近，情况紧急时，也应当采取避让行动。

2) 人力船、帆船由于操纵上的困难，要求避让机动船时，应当按规定及早发出信号，机动船看到信号后，应当立即采取有利于防止碰撞的措施。

3) 人力船、帆船不得抢越机动船船体或者在航道上停桨流放，不得驶进机动船刚刚驶过的余浪中去，不得在狭窄、弯曲、滩险航段、桥梁水域和船闸引航道妨碍机动船安全行驶。

4) 人工流放的排筏见到机动船驶来，应当及早调顺排身，以便于机动船避让。

(2) 帆船、人力船、排筏相遇，按下列规定避让。

1) 两帆船相遇，顺风船应当避让抢风船；两船都是顺风船或者抢风船，左舷受风船应当避让右舷受风船，两船同舷受风，上风船应当避让下风船。

2) 帆船应当避让人力船。

3) 帆船、人力船都应当避让人工流放的排筏。

4. 船舶在能见度不良时的行动及其他

(1) 船舶在能见度不良时的行动。船舶在能见度不良的情况下航行，应当以适合当时环境和情况的安全航速行驶，加强瞭望，并按规定发出声响信号。

装有雷达设备的船舶测到他船时，应当判定是否存在碰撞危险，如有危险，应当及早地与对方联系，并采取协调一致的避让行动。

除已判定不存在碰撞危险外，船舶听到他船雾号不能避免紧迫局面时，应当将航速减到维持其航行操纵的最低速度。

无论如何，每一船舶都应当极其谨慎地驾驶，直到碰撞危险过去为止，必要时应当及早选择安全地点锚泊。

（2）靠泊、离泊。机动船靠、离泊位前，应当注意航道情况和周围环境，在无碍他船行驶时，按规定方面声号后，方可以行动，正在上述水域附近行驶的船舶，听到声号后，应道绕开行驶或者减速等候，不得抢挡。

（3）停泊。船舶、排筏在锚地锚泊不得超出锚地范围，系靠不得超出规定尺度，停泊不得遮蔽助航标志、信号。

船舶、排筏禁止在狭窄、弯曲航道或者其他有碍他船航行的水域锚泊、系靠。

（4）渔船捕鱼。渔船捕鱼时，不得阻碍其他船舶航行，在航道上不得设置固定渔具。

（5）失去控制的船舶。失去控制的机动船、非自航船，应当及早选择安全地点锚泊。

4.1.3 信号

1. 号灯和号型

（1）一般规定。有关号灯的各条规定从日落到日出期间都应当遵守，在白天能见度不良的情况下也可以显示有关号灯。在显示号灯的时间内，凡是可能与规定号灯相混淆或者减弱其显示性能的灯光，均不能垂直显示。

有关号型的各条规定，在白天都应当遵守。

号灯、号型均应当显示在最易见处，除本规则有规定外，几个号灯、号型组成一组时，均应当垂直显示。

（2）在航的机动船。机动船单船在航时，应当显示白光桅灯一盏，红、绿光舷灯各一盏，白光艉灯一盏，船舶长度为 50 m 以上的机动船，还应当在后桅显示另一盏白光灯；除快速船外，船舶长度小于 12 m 的机动船，条件不具备时，可以显示白光环照灯一盏和红、绿光并合灯一盏，也可以显示红、白、绿光三色灯一盏，以代替上述规定的号灯。

下列船舶在航时，除显示前款规定的号灯外，还应当：

1）快速船白天和夜间均显示黄闪光灯一盏。

2）限于吃水的海船夜间显示红光环照灯三盏，白天悬挂圆柱形号型一个。

3）横江渡轮夜间在桅杆的横桁两端显示绿光环照灯各一盏，白天在桅杆横桁的一侧悬挂黄箭头号型一个。

（3）在航的船队。在航的船队分别按下列规定显示号灯。

1）拖轮除显示舷灯、艉灯外，还应当按拖带形式显示。

①吊拖或者吊拖又顶推船舶时，显示白光桅灯两盏。

②顶推船舶、排筏时，显示白光桅灯三盏。拖轮显示上述灯号有困难时，可以改在船队中最适宜的船舶上显示。

③吊拖排筏时，显示白、绿、白光桅灯各一盏。

④吊拖船舶、排筏的拖轮，为便于被吊拖船舶或者排筏操舵，也可以在烟囱或者桅的后面，高于艉灯的位置显示另一盏白光灯，但灯光不得在正横以前显露。

2）两艘以上拖轮共同拖顶组成一个船队时，应当按拖带形式显示。

①共同顶推船舶、排筏时，应当在一艘拖轮上显示顶推船队的号灯，其余拖轮只显示被顶推号灯。

②前后吊拖船舶、排筏或者采用又吊拖又顶推的混合队形时，最前面一艘拖轮显示吊拖号灯，后面的拖轮只显示拖船的号灯。

3）被吊拖、顶推的船舶或者排筏在航时，应当显示下列号灯。

①被吊拖、顶推的船舶应当显示红、绿光舷灯，被编组为多排数列式队形时，应当在最左边的一列船舶只显示红光舷灯，在最右边的一列船舶只显示绿光舷灯。顶推船队中最前一艘船的船艏，应当显示白光船艏灯一盏，其灯光不得在正横后显露，被顶推船的船艉超过拖轮船艉时，还应当显示白光艉灯，吊拖船队中最后一排船应当显示白光艉灯。

②船舶长度未满30 m的船舶被吊拖为单排一列式时，每艘船可以显示白光环照灯一盏，以代替红、绿光舷灯。

③人力船、帆船、物体被吊拖、顶推时，应当显示白光环照灯一盏，被顶推时不得在正横后显露，当编组为多排数列式时，则在左、右最外一列显示。

④排筏被吊拖时，应当在排筏四角高出排面至少1 m处显示白光环照灯各一盏；被顶推时，在排艏两角高出排面至少1 m处显示白光环照灯各一盏，其灯光不得在正横后显露。

（4）在航的人力船、帆船、排筏。人力船、帆船在航时，应当在船艉最易见处显示白光环照灯一盏；帆船遇见机动船驶来时，应当及早在船头显示吊一盏白光环照灯或者白光手电筒，直到机动船驶过为止。

人力船、帆船由于操作上的困难，确实不能按照机动船要求方向避让时，夜间应当用白光灯或者白光手电筒，白天用白色信号旗左右摇摆。

排筏流放时，应当在前后高出排面至少1 m处显示白光环照灯各一盏。

（5）工程船。工程船未进入工地或者已撤出工地时，应当显示一般船舶规定的信号，进入工地时，应当显示下列号灯、号型。

1）工程船在工地其位置固定时，夜间显示环照灯三盏，其连线构成尖端向上的等边三角形，三角形顶端为红光环照灯，底边两端，通航的一侧为白光环照灯，不通航的一侧为红光环照灯，白天在桅杆横桁两端各悬挂号型一个，通航的一侧为圆球，不通航的一侧为十字号型。

2）自航工程船在航施工时，除显示机动船在航号灯外，夜间显示红、白、红光环照灯各一盏，白天悬挂圆球、菱形、圆球号灯各一个，被拖轮拖带的工程船在航施工时，还应当显示与自航工程船在航施工时相同的号灯、号型。

3）工程船所伸出的排泥管，应当在管头和管尾每隔 50 m 距离显示白光环照灯一盏。

船舶的潜水员在水下作业时，夜间应当显示红光环照灯一盏，白天悬挂“A”字信号旗一面。

（6）掉头。长度为 30 m 以上的机动船或船队，在掉头前 5 min，夜间应当显示红、白光环照灯各一盏，白天悬挂上为圆球一个，下为回答旗一面的信号，掉头完毕后熄灭或者落下。

（7）停泊。船舶、排筏停泊时，分别按下列规定显示信号。

1）机动船、非自航船停泊时，夜间显示白光环照灯一盏；船舶长度为 50 m 以上的，应当在前部和艉部各显示白光环照灯一盏，前等高于后灯，白天锚泊时均悬挂圆球一个。

2）人力船、帆船停泊时，夜间显示白光环照灯一盏；排筏停泊时，夜间在靠航道一侧，前部和后部各显示白光环照灯一盏。

3）停泊的船舶、排筏向外伸出有碍其他船舶行驶的缆索、锚、锚链或者其他类似的物体时，应当在伸出的方向，夜间显示红光环照灯一盏，白天悬挂红色号旗一面。

（8）搁浅。搁浅的机动船、非自航船夜间除显示停泊号灯外，还应当显示红光环照灯两盏，白天悬挂圆球三个。

（9）装运危险货物。装运易爆、易燃、剧毒、放射性危险货物的船舶在停泊、装卸及航行中，除显示为一般船舶规定的信号外，夜间还应当在桅杆的横桁上显示红光环照灯一盏，白天悬挂“B”字信号旗一面。

（10）要求减速。要求减速的船舶、排筏或者地段，应当在桅杆横桁处或者地段上、下两端，夜间显示绿、红光环照灯各一盏，白天悬挂“RY”信号旗一组。

（11）渔船不捕鱼时，显示为一般船舶规定的信号，捕鱼时应当显示下列号灯、号型。

1）机动船在捕鱼时，夜间除显示机动船在航或者锚泊的号灯外，还应当显示绿、白光环照灯各一盏，白天悬挂尖端相对的两个圆锥体。

2）人力船、帆船捕鱼时，不论在航或者停泊，夜间均应当显示白光环照灯一盏，白天悬挂篮子一个。

3）渔船有外伸渔具时，应当在渔具伸出方向，夜间显示白光环照灯一盏，白天悬挂三角红旗一面。

（12）失去控制的船舶。失去控制的机动船、非自航船锚泊前，夜间除显示舷灯和艉灯外，还应当显示红光环照灯两盏，白天悬挂圆球两个。

（13）监督艇和航标艇。监督艇执行公务时，夜间应当显示舷灯、艉灯和红闪光旋转灯一盏。

航标艇在航时，夜间应当显示舷灯、艉灯和绿光环照灯两盏；停泊时显示绿光环照灯两盏。

2．声响信号

（1）声响信号设备。机动船应当配备号笛一个、号钟一只；非自航船、人力船、帆船和排筏应当配备号钟或者其他有效响器一只。

（2）声号的含义。机动船为表示本船的意图、行动或者需要其他船舶、排筏注意时，应当根据本规则各条规定使用号笛发出下列声号，见表4—1。

表4—1 声号的含义

船舶	适用	声号	含义	声响设备
在航的机动船	互见中	一短声	我正在向右转向	号笛
			当和其他船舶对驶相遇时，要求从我左舷会船	
		两短声	我正在向左转向	
			当和其他船舶对驶相遇时，要求从我右舷会船	
		三短声	表示正在倒车或者有后退倾向	
		四短声	不同意你的要求	
		五短声	怀疑对方是否经验采取充分避让行动，并警告对方注意	

续表

<table>
<tr><th>船舶</th><th>适用</th><th>声号</th><th>含义</th><th>声响设备</th></tr>
<tr><td rowspan="19">在航的机动船</td><td rowspan="3">任何能见度</td><td rowspan="3">一长声</td><td>我将要横越</td><td rowspan="19">号笛</td></tr>
<tr><td>我将要离泊</td></tr>
<tr><td>要求来船或者附近船舶注意</td></tr>
<tr><td rowspan="14">互见中</td><td rowspan="2">两长声</td><td>我要靠泊</td></tr>
<tr><td>我要求通过船闸</td></tr>
<tr><td rowspan="2">一长一短声</td><td>掉头时，表示“我向右掉头”</td></tr>
<tr><td>进出干、支流交汇水域或者叉河口，表示“我将要或者正向右转弯”</td></tr>
<tr><td rowspan="2">一长两短声</td><td>掉头时，表示“我向左掉头”</td></tr>
<tr><td>进出干、支流交汇水域或者叉河口，表示“我将要或者正向左转弯”</td></tr>
<tr><td>两长一短声</td><td>追越船要求从前船右舷通过</td></tr>
<tr><td>两长两短声</td><td>追越船要求从前船左舷通过</td></tr>
<tr><td>一短一长一短声</td><td>要求他船减速或者停车</td></tr>
<tr><td>一短一长声</td><td>我已减速或者停车</td></tr>
<tr><td>一长一短一长声</td><td>我希望和你联系</td></tr>
<tr><td>一长一短一长一短声</td><td>同意你的要求</td></tr>
<tr><td>一长两短一长声</td><td>要求来船同意我通过</td></tr>
<tr><td rowspan="2">任何能见度</td><td>三长声</td><td>有人落水</td></tr>
<tr><td>一长三短声</td><td>拖船通知被拖船舶、排筏注意</td></tr>
</table>

（3）船舶相遇时声号的应用。船舶相遇时，应当按下列规定使用声号。

1）两机动船对驶相遇，下行船应当在相距 1 km 以上处，谨慎考虑航道情况和周围环境，及早鸣放会船声号；上行船听到声号后，如无特殊情况，应当立即回答相应的会船声号。在鸣放会船声号的同时，夜间还应当配合使用红、绿光闪光灯，白天也可以配合使用白色号旗。鸣放声号一短声时，夜间连续显示红闪光灯，白天在左舷挥动白色号旗，表示要求来船从我左舷会船；鸣放声号两短声时，夜间连续显示绿闪光灯，白天在右舷挥动白色号旗，表示要求来船从我右舷会船。

2）机动船发现人力船、帆船有碍本船航行，要求其让路时，应当鸣放声号一长声以引起注意，并鸣放一短声或者两短声表示本船动向。

3）机动船驶经支流河口或者叉河口前，应当鸣放声号一长声以引起注意；进出干、支流或者叉河口前，向右转弯应当鸣放声号一长一短声，向左转弯应当鸣放声号一长两短声。

4）机动船与在航施工的工程船对驶相遇，机动船应当在相距 1 km 以上处，鸣放声号一长声，待工程船发出会船声号后，机动船方乐意回答相应的会船声号，并谨慎通过。

（4）能见度不良时的声响信号。船舶排筏在能见度不良时的情况下航行、停泊，应当按下列规定发出声响信号。

1）在航的机动船应当每隔 1 min 鸣放声号一长声；在航的人力船、帆船、排筏应当每隔约 1 min 急敲号钟或者其他有效响器约 5 min。

2）锚泊的机动船、非自航船、排筏应当每约 1 min 急敲号钟或者其他有效响器约 5 min；锚泊的人力船、帆船在听到来船声号后，应当不间断地急敲号钟或者其他有效响器，直到判定来船已对本船无碍时为止。

（5）甚高频无线电话。配有甚高频无线电话的船舶在航时，应当在规定的频道上正常守听，并按下列规定通话。

1）一般先由被让路船呼叫，通话时用语应当简短、明确。

2）一般发出呼叫后，未闻回答，应当认为另一船未设有无线电话设备。

3）两船的避让意图经通话商定一致后，仍应当按本规则规定鸣放声号。

4）船舶驶近弯曲、狭窄航段以及在能见度不良的情况下航行，应当用无线电话周期性地通报本船船位和动态。

3. 常用旗号

（1）单字母

A——我下面有潜水员，请慢速远离我。

B——我正在装卸或载运危险货物。

C——是。

D——请让开我，我操纵困难。

E——我正在向右转向。

F——我操纵失灵，请与我通信。

G——我需要引航员。

H——我船上有引航员。

I——我正在向左转向。

J——我船失火，并且船上有危险货物，请远离我。

K——我希望与你通信。

L——你应立即停车。

M——我船已停，并已没有对水速度。

N——不。

O——有人落水。

P——在港内，本船将要出海，所有人员应立即回船。

Q——我船没有染疫，请发给我进口检疫证。

R——收到了，或已收到你最后的信号（程序信号）。

S——我船正在开倒车。

T——请让开我，我正对拖作业。

U——你正临近危险。

V——我需要救援。

W——我需要医疗援助。

X——中止你的意图，并注意我发送的信号。

Y——我正在走锚。

Z——我需要一艘拖船。在渔场由邻近一起作业的遇船使用时，它的意思是“我正在放网”。

（2）旗组

AN——我需要一位医生。

CB——我需要立即援助。

CB2——本船操舵装置损坏，需要立即援助。

CB4——本船搁浅，需要立即援助。

CB6——本船失火，需要立即援助。

CB7——本船漏水，需要立即援助。

CP——我正前来援助你。

IT——我船失火。

IT1——我船失火，并有危险货物，请远离我。

IV1——我机舱失火。

KC——我货舱已进水。

KF——我需要一艘拖船。

NA——航行被封闭。

NC——我遇险，需要立即援助。

RA——我的锚缠住了。

RU1——我正在试航。

RY——经过我时，你应慢速行驶。

RZ——你不要继续前进。

VZ——我正在熏蒸我的船。

4.2 上海水上安全监督规则（摘录）

4.2.1 航行通则

1. 分道通航

船舶应根据本船吃水、船舶流向在相应的航道内航行，并遵守分道通航的有关规定。

2. 靠右航行

（1）船舶应遵守靠右航行规定。只要安全可行，船舶应在本船航道右侧外缘行驶。

（2）小型船舶只要安全可行，应在相应的小船航道内行驶。

（3）允许大、小型船舶在同一航道内通航时，小型船舶不得妨碍大型船舶的安全航行。

3. 船长值班

船舶遇到下列情况时，船长应在驾驶台指挥或值班。

（1）大型船舶在航槽航行时。

（2）大型船舶在新港航行时。

（3）各类船舶在里港航行时。

（4）航行中遇有能见度不良的情况时。

4．追越

（1）除禁止追越的水域外，在航道内航行的船舶应尽可能避免追越前船。如确实需要追越时，企图追越的船舶除使用甚高频无线电话联系，还应鸣放规定的追越声号，以征得前船的同意。

（2）如果前船不同意或对追越船的行动有怀疑时，可鸣放五声短而急的声号。

（3）前船同意后船追越，除鸣放声号外，还应采取使追越船能安全通过的相应措施。

（4）本条规定不免除追越船的避让责任。关于追越局面的构成或认定，本规则未作规定，按第四条一般原则第二款的规定，应依据《海规》第十三条办理。本条关于追越的避让责任、双方行动等也是参照《海规》第九条、第十三条内容制定的。

“上海黄浦江通航安全管理规定”第二章航行有类似的规定：船舶在航道内航行时应当尽可能避免追越前船。确需追越时，只要安全可行，应当从被追越船的左舷追越。（第十三条）

“长江上海段船舶定线制规定”第三章航行对外港水域的追越有相应的要求：船舶在追越他船时，只要安全可行，应当从他船的左舷追越。（第十六条）

上述新规定的条款与《安规》第二十五条并不冲突，只是对通常的追越舷侧作了规定，所以新老条款同时有效。

需要注意的是：

1）“除禁止追越的水域外，在通航内航行的船舶应尽可能避免追越前船”这是船舶在上海港水域处理追越问题的基本原则。

2）禁止追越的水域。“上海黄浦江通航安全管理规定”第二章航行第二十九条规定里港有九处水域禁止拖轮船队和大型船舶追越。

“长江上海段船舶定线制规定”第三章航行对外港水域的追越有相应的要求：禁止船舶在警戒区内追越他船。（第十三条）

3）企图追越的船应使用 VHF 和声号征得前船的同意。前船不同意后船追越时，可按本规则第二款规定，鸣放五短声，也可按“沿海港口信号规定”鸣放四短声。

4.2.2 里港航行（黄浦江）

1．限速规定

（1）除本规则另有规定外，在航船舶，其实际航速（包括流速）每小时不得超过

8 nm。

(2) 船舶的实际航速虽未超过本条第一项的规定，但因风浪较大，可能危及他船或设施的安全时，该船还应适当减速。

(3) 船舶已用最慢航速行驶，但其实际航速仍超过本条第一项的规定，而又无法降低时，该船可以最慢速为限行驶。

(4) 由于风流或船舶本身条件的限制，欲保持本条第一项规定的航速必定会危及本船安全时，可以维持本船安全的最低航速为限，但事后必须立即向主管机关报告。

(5) 不论在航船舶执行限速的规定如何，均不能免除该船因其航速对处于正常航行、停泊或工作状态的船舶、设施所造成浪损的责任。

(6) 经主管机关特别批准的船舶航速不在此限。

2. 艉随行驶

(1) 机动船在艉随航行时，后船应与前船保持足以避免发生碰撞的安全距离。

(2) 大型机动船、大型船队或者大型排筏之间的距离，最少应保持顺流600 m，逆流300 m。

3. 禁止追越水域

大型机动船和拖轮船队在下列弯曲航段水域禁止追越。

(1) 吴淞口101灯浮到106灯浮之间。

(2) 高桥110灯浮到S20号系船浮筒之间。

(3) 7号系船浮筒到14号系船浮筒之间。

(4) 47号系船浮筒到陆家嘴过江水下电缆标志之间。

(5) 56号系船浮筒到69号系船浮筒之间。

(6) 曹家宅过江水下电缆标志到龙华过江水下电缆标志之间。

(7) 鳗鲤嘴转弯处。

(8) 闸港转弯处。

4. 横越

(1) 横越航道的船舶应负责避让顺航道行驶的船舶。严禁抢越他船船艏。

(2) 小型船舶如须横越航道，应距正在航行的大型船舶船艏不少于150 m外越过。

(3) 小型船舶如从正在航行的船舶船艉穿越，也应保持一定的安全距离。

(4) 对江客渡轮横越航道时，应遵守第 (1) ~ (3) 项规定。

（5）小型船舶因进、出支流港或靠泊需要穿越航道时，应在支流港或泊位附近穿越，并尽可能避免与顺航道的船舶流向成相反航向航行。

（6）小型拖轮船队穿越航道时，应距离正在航行的大型船舶船艏不少于 300 m 外越过。

（7）机动船和拖轮船队驶近规定的对江轮渡或者发现有船穿越航道时，应加强瞭望，谨慎驾驶，密切注意客渡轮或横越船的动态，必要时应鸣放声号，减速，采取有效的避让措施。

“上海黄浦江通航安全管理规定”对横越也有规定，但与上述规定不冲突。

船舶如需横越航道，应当尽可能与航道的船舶总流向成直角横越。拖轮船队和小型船舶横越航道、遇有大型船舶通过时，应当尽可能避免横越大型船舶的船艏，或以足够安全的距离从大型船舶船艏或船艉通过。

横越航道的船舶，应当避让沿规定航道航行的船舶。

越江轮渡和进、出黄浦江支流港的船舶，应当避让沿黄浦江规定航行的船舶。

船舶航经警戒区、轮渡线、支流河口和施工作业水域时，应当谨慎驾驶，并注意周围船舶动态。

5．掉头

船舶应在指定的掉头区掉头。

船舶掉头时，应当在掉头前 10 min 显示相应的掉头信号，并用甚高频无线电话 06 频道通报动态。

大型船舶或大型船队掉头，顺流时在 1 200 m、逆流时在 600 m 距离内有大型船舶或船队驶近的，应当待来船驶过后再进行掉头。

小型船舶或小型船队掉头，顺流时在 600 m、逆流时在 300 m 距离内有大型船舶或船队驶近的，应当待来船驶过后再进行掉头。

大型船舶掉头时，如当时的环境、情况不能满足安全掉头要求的，必须有拖轮协助。

大型船舶掉头时，其他船舶应当避免驶近并及时与掉头船取得联系，其他船舶必须在掉头船船艏前驶过的，其他船舶应当协助安全驶过掉头船时的行动。

船舶在掉头区掉头时，不得采取抛锚或拖锚的方式。

相关链接

掉 头 区

①1 号掉头区

1 号掉头区的范围为自军工路码头上角与浦东长航 12 号驳船码头上游端至轮渡草临线下游 100 m 内水域。

该掉头区仅限总长度大于 160 m 但小于 300 m 的船舶使用。

②2 号掉头区

2 号掉头区的范围自复兴岛上纲二厂码头下游端至李新船厂码头上游端连线至轮渡东嫩线上游 100 m 内水域。

该掉头区仅限总长度大于 180 m 但小于 300 m 的船舶使用。

③3 号掉头区

3 号掉头区的范围为上船西厂码头下游端与其昌东栈码头下游端的连线至黄埔码头上游端与其昌西栈码头上游端的连线之间的水域。

该掉头区仅限总长度小于 275 m 的船舶使用。

掉头是船舶在短时间内一次转向 180°的一种操纵行为。由于黄浦江实行靠右航行规则，主航道中心线将其分为进出口航道，船舶从一侧航道内开始掉头，结束时已进入另一侧航道，因此掉头时对沿航道行驶船舶的影响与横越是一样的。

（1）新规定中的，“船舶应在指定的掉头区掉头”指符合掉头区适用长度的大型船舶。

其他船舶可在码头、系船浮筒附近的合适水域掉头。3 号掉头区适用总长度大于 160 m 但小于 275 m 的船舶。

（2）“相应的掉头信号”指“沿海航口信号规定”中“船舶信号”栏所载 5 个掉头区信号的 1 ~3 号掉头区的信号，这些信号在掉头结束后应马上落下或熄灭。

在一般水域：白天一个黑球，夜间垂直红白环照灯。

在掉头区：1 号掉头区——白天垂直一个黑球及一面数字旗“1”，夜间垂直红、白、白环照灯；2 号掉头区——白天垂直一个黑球及一面数字旗“2”，夜间垂直红、红、白环照灯；3 号掉头区——白天垂直一个黑球及一面数字旗“3”，夜间垂直红、绿、白环照灯。

上述信号中黑球下数字旗与掉头区的编号相一致。三盏环照灯中第一盏灯均为红色；三盏环照灯中的红色代表“1”、绿色代表“2”、白色代表“0”，三盏环照灯的数字之和就是掉头区的编号，以此类推。

（3）《安规》原第三十八条中的掉头船“如天气不良影响能见度时，还应每隔两分钟鸣放五声短而急的声号”“掉头动作开始时，掉头船应按规定鸣放一长声声号”等规定，可按“沿海港口信号规定”的解释而继续使用。

（4）掉头船应避免妨碍沿航道行驶的船舶。掉头船与沿航道行驶的船舶的避让关系，条款没有明示。但从等待一定距离内的大型机动船舶、船队或竹木排驶过后再掉头的要求理解，这些规定体现了要求掉头船在沿航道行驶船舶前方留出足够的水域供其通过，避免在掉头行动开始后与这些船构成碰撞危险这一“不妨碍”规定的精神。

（5）对沿航道行驶的船舶来说，首先是避免驶近正在掉头的大型船舶，应减速、停车等候其掉头结束。对强横风中的空载船或急流中的顺水船来说，要控制好速度是相当困难的，这就需要通过视觉瞭望、守听甚高频无线电话等及早掌握前方船舶的动态，在掉头船开始行动前就取得联系，要求掉头船暂缓行动，以便安全驶过掉头船。

6．其他规定

（1）载重吨未满 10 t 的水泥船禁止进入鳗鲤嘴以下水域。

（2）重载深吃水船舶应避免潮流急涨急落时顺流航行；小型拖轮船队应避免潮流急涨急落时驶往陆家嘴和董家渡等险要航段。

（3）船舶在航行或移泊时，船上的救生艇、吊货杆、舷梯等不得伸出舷外。

（4）除执行救生任务或主管机关批准外，船舶附属的救生艇、救助艇、救生浮具均不准放落水面。

4.2.3　信号和通信

1．特别信号

经长江口灯船（或大型灯浮）驶向北漕航道的进口船舶，在距该灯船（或大型灯浮）3 nm（海里）外或离港驶往宝山水道的大型船舶驶出河塘灯桩前，应于明显易见处显示特殊信号。

白天：并排显示 2 个黑色圆柱体号型。

夜间：垂直显示紫蓝色环照灯两盏。

船舶驶离航槽或上驶宝山航道后即应停止显示上述信号。

2. 甚高频无线电话配备和守听

大型机动船、大型船队和在航道施工作业影响大船航行的船舶，须备有可使用的甚高频无线电话。并在航行、作业或锚泊时，均应在规定频道上守听。

3. 客渡轮

客渡轮航行时，日间在桅杆横桁显示艏艉向橘黄色双箭头号型一个；夜间在桅杆横桁的两端各显示绿光环照灯一盏。遇到能见度不良时，每隔 2 min 鸣放二短一长的特定信号。

第5章 船舶操纵

知识要求

5.1 船舶操纵性

5.1.1 基础知识

1. 螺旋桨

推动船舶前进（后退）的工具称为船舶推进器。在各种推进器形式中，由于螺旋桨的推进效率最高，结构简单而且质量最轻，所以一般船舶皆使用它作为推进器。

一艘船舶装一部主机的称为单车船，装两部主机的称为双车船，详见表5—1。

表5—1　　船舶螺旋桨形式分类

	图示	说明
单车船		右旋单车船：人站在船艉，面向船艏方向，在顺车时，螺旋桨作顺时针方向旋转的船

续表

	图示	说明
单车船		左旋单车船：人站在船艉，面向船艏方向，在顺车时，螺旋桨作逆时针方向旋转的船
双车船		外旋双车船：人站在船艉，面向船艏方向，在顺车时，右螺旋桨作顺时针方向旋转，左螺旋桨作逆时针方向旋转的双车船
		内旋双车船：人站在船艉，面向船艏方向，在顺车时其右螺旋桨作逆时针方向旋转、左螺旋桨作顺时针方向旋转的双车船

由于不同形式的螺旋桨在操纵性能上有很大的区别，所以一个驾驶员新到一艘船上工作，应首先了解该船是单车船还是双车船，其螺旋桨旋转形式是怎样的，以便正确操纵。

2. 主机马力

主机马力表示主机功率的大小，一般马力可分为以下几种。

(1) 指示马力：IHP 是设计时用。

(2) 主机马力：MHP 指主轴端可输出的功率。

(3) 艉轴端马力：DHP 是指经减速装置等消耗，在艉轴端处的功率。

(4) 有效马力：EHP 实际推动船克服各种阻力前进的功率。

$$一马力 = 75\ kg \cdot m/s = 735\ W\ (瓦)$$

3. 推进器阻力

(1) 螺旋桨转动时，将水推向船艉，水将给螺旋桨一个反作用力，在艏艉方向上的分力将推动船舶行驶，该力称为推力 T。倒车时，则方向相反产生拉力，阻止船舶前进。当推力大于阻力时，船舶做加速运动；当推力等于阻力时，船舶做匀速运动；当推力小于阻力时，船舶做减速运动。

在主机马力一定时，船舶推力大小与转速及浆轴在水面下的深度有关。

(2) 阻力。船在水面上航行时，处于水和空气两种流体中运动，必将受到水和空气的反作用力，这种力的方向与船体运动方向相反，起阻止船舶前进的作业，故称为船舶阻力。

由于一般船的船速不太高，故水阻力要占总阻力的 96% ~98%，而空气的阻力仅占 2% ~4%，所以要想提高船速，就要设法减少水阻力的影响，这就使水翼船、气垫船得以发展。

阻力可分为基本阻力和附加阻力两种。

1) 基本阻力。基本阻力包括摩擦阻力、兴波阻力及涡流阻力，与船速、吃水、船型及船体光洁度等有关。低速船以摩擦力为主，占总阻力的 70% ~80%；而高速船则以兴波阻力为主，约占总阻力的 50% 以上。基本阻力的大小与船舶吃水、航速有关。

2) 附加阻力。附加阻力包括污底阻力、附属体阻力、空气阻力及汹涛阻力等。附加阻力的大小则随风浪的大小及方向、船体污底的轻重及航道的浅窄情况而定。

5.1.2 车舵效应

1. 舵的效应

舵的作用是利用水流对舵面的作用力使船保持或改变航向。

(1) 原舵力。船在航行时产生的相对水流和螺旋桨转动时产生的车叶流对舵面产生的压力，其垂直作用于舵面的分力称为原舵力，如图 5—1 所示。

原舵力大小，根据乔塞尔经验公式：

$$P\alpha = KSv^2 \sin\alpha$$

式中 $P\alpha$——原舵力，N；

K——舵力系数；

S——舵面积，m^2；

v——舵面上相对水流速度，km/h；

α——舵角，°。

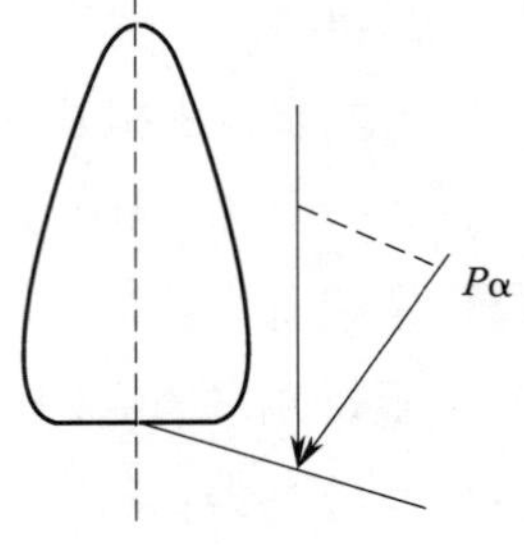

图 5—1 舵压力——转船力矩

原舵力的大小与舵的面积、水流速度、舵角及舵的形状有关。而且左舵时，原舵力推艉向右，使船艏向左偏转；右舵时，原舵力推艉向左，使船艏向右。

由于原舵力与水流速度的平方成正比，故水流速度的影响最大。故在顺车时在一定舵角时用加快车速的方向，可以很快获得较大的原舵力。相反，如船在淌航中，虽然有相对水流，但一开倒车以制止船舶前冲的惯性时；舵面积的水流极其混乱，将很快减弱原舵力，故倒车时的舵效很差。

正舵时，相对水流从舵面两侧平均流过，舵面左右的水流压力相等，不产生原舵力。

（2）旋回力矩

1）原舵力对船舶重心 G 产生的力矩，使船体绕着通过重心的垂向轴作水平转动，该力矩称为旋回力矩。旋回力矩的大小决定了舵对船舶回转的效应，这种效应称为舵效。也就是说，在特定的情况下，旋回力矩越大，船就容易发生偏转，舵效就好。

2）一般船舶重心 G 在船舯稍靠艉部一点处，旋回力矩的中心设在船长 L 的 1/2 处。

（3）船舶旋回圈

1）定义。船舶以某一固定的舵角及车速进行360°旋回时，其重心运动的轨迹称为旋回圈。

通过测定旋回圈，可求得船舶的旋回要素，这对正确进行船舶操纵，确保安全航行是十分必要的。

2）船舶旋回要素

①偏距。偏距又称反移量，船转舵后，船舶重心向转舵的相反一侧横移的最大距离。

②纵距。纵距又称最大进距，船从开始转舵至航向转过 90°时，重心间的纵向距离。

③横距。船从开始转舵至航向转过90°时，重心间的横向距离。

④旋回终径。旋回终径又称旋回直径，船转舵后从航向转过180°到航向转过360°时，重心间的横向距离，约为初径的90%，其圆心称旋回中心。

⑤旋回初径。船从开始转舵到航向转过180°时，重心间的横向距离。

⑥偏角。通过船舶重心所作对旋回圈的切线与船艏艉线的夹角，为3°～15°。

⑦转心。转心又称旋回点，从船的旋回中心作垂直于船中线面的垂线，其交点称为转心。船开始旋转时，转心接近船艏，在1/10～1/8船长处，随着旋回运动的继续而逐渐后移，直到持续旋回时，固定在离船艏1/5～1/3船长处，因此转舵后，艉部摆动的幅度大于船艏。旋回圈越小，转心越前移，艉部摆动幅度更大。船在后退中旋回时，转心在船舯之后，故船艏的摆动幅度大于艉部。

（4）船在作旋回运动时的倾斜

1）内倾。当船在前进中转舵时，船将产生向转舵一侧的倾斜，这使船向内倾斜的力矩，是舵面所受压力的横向分力，作用于接近龙骨处的舵面受力中心，对船舶重心产生的力矩，使船内倾，其大小是该横向分力和船的重心到舵面受力中心的垂直距离的乘积。所以舵面受力越大，船的重心越高，则倾斜越厉害，故应避免快车中操急舵，在配载时要考虑重心高度不可太高。

2）外倾。在船进入旋回运动后，将产生作用与重心处的离心力和水线以下的侧向水阻力，这两力组成力偶，使船在克服掉内倾力矩后向转舵相反方向一侧倾斜。这一使船外倾力矩的大小，与船速的平方成正比，所以受旋回速度的影响最大；外倾还与船的排水量及船舶重心距1/2吃水的垂直距离成正比，与旋回半径的大小成反比。一般船的外倾角度比内倾角度大，所以船在开始作旋回运动时，往往先降低车速，以减小外倾角度。

3）急操反舵的危害。由于船在操舵作旋回运动时，有内倾和外倾现象，如果船原来用快车右满舵向右旋回时，船处于左倾状态下，这时如果改操左满舵，使原舵力的横向分力突然改变方向，更增大了左倾力矩，使船左倾更厉害。若船稳性不好，装载情况不良，情况严重时可能使船发生倾覆危险。而且舵面左右突然受力，舵系设备容易受损，故应尽量避免急操反舵。

（5）船舶做旋回运动的三个阶段。船舶做旋回运动可分成三个阶段，它们将对船舶操纵产生不同的影响。

1）变动阶段。船在转舵后的短时间里，由于运动惯性，仍将保持直线前进1～2倍船长的距离，然后原舵力产生的旋回力矩开始起作用，使船发生偏转。根据力学分析：原舵力的横向分力将使船产生内倾现象外，还将使船身推向转舵的相反一侧产生偏距，而原舵力的纵向分力将使船速降低。在此阶段，主要应着眼于偏距，在重心处一般不超过1/2船宽，但因旋回运动时的转心在船的前部，因此船艉将向外偏得更多些，可达两倍船宽。故在操纵中应根据实际情况灵活运用这一规律，有时要预先避免它的影响。

2）过渡阶段。经过变动阶段，水阻力逐渐增大，使横移消失，船开始向转舵的一侧旋回，船艏加快偏转，船速下降，旋回轨迹变成一螺旋形曲线，产生离心力，使船向外倾斜。此阶段应着眼于纵距，从原航向转过不同航向时的进距不同，纵距是船舶转向和避让时转舵时期的依据。

3）稳定阶段。船进入稳定的圆周运动，在这个阶段应着眼于旋回初径，初径是船舶用舵旋回掉头时所需要地位大小的依据，特别在狭水道中，往往由于无视这点而造成搁浅或碰撞等事故发生。

2. 车的效应

螺旋桨的转动，除产生推力或拉力使船前进或后退外，还产生车叶流影响原舵力的大小。但即使是在正舵无原舵力产生的情况下，由于螺旋桨的转动，也会使船发生偏转，如右旋单车船在正舵时静止中开顺车，船艏会出现向左偏转，这现象又会随着船速的增加而逐渐减弱。反之，在正舵开倒车时，船艏会向右偏转，这种现象十分明显，在船没有相当的后退速度以前，即使用右满舵也压不住。上述偏转现象对船舶操纵影响很大，偏转是由于螺旋桨在转动时产生的侧压力、排出流、吸入流以及船舶运动时产生追迹流等综合作用的结果，为进一步了解其产生的影响，现分别列述如下。

（1）侧压力的影响

1）侧压力定义。螺旋桨转动时，其桨叶旋转至上下半圆时所产生的水动力差值，对船艉产生偏转的横向作用力称为侧压力。侧压力推船艉的作用方向与上叶片转向相同。

以右旋单车船为例，如图5—2所示，顺车时桨叶作顺时针方向旋转，上叶片向右转动，水阻力推艉向左，下叶片向左转动，水阻力推艉向右，由于水的压力与水深成正比，而且上叶片接近水面，在叶片的拢动下，容易吸入空气，使水面附近的密度减小，因而使上叶片受到阻力小于下叶片，所以产生的合力将推艉向右，使船艏向左偏转。倒车时方向相反。

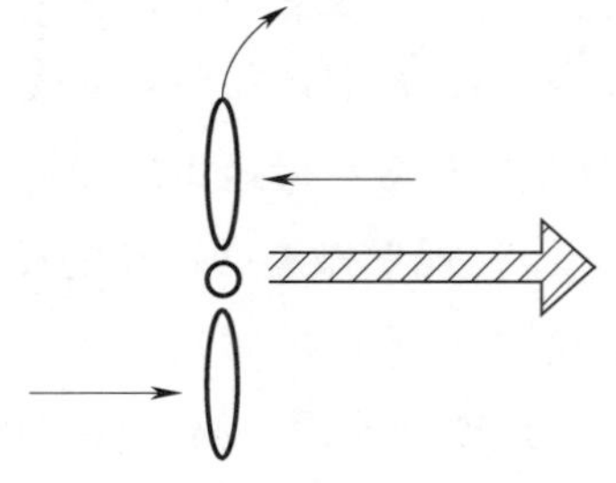

图5—2　侧压力的影响

2）在以下各种情况下侧压力的影响较显著：

①空船时，螺旋桨上叶片部分露出水面时，使上叶片的水阻力大大减弱，故侧压力所产生的偏转现象更为显著。直径大的桨叶侧压力影响也大。水浅处，由于下叶片阻力增大，故侧压力影响也大。

②螺旋桨刚开始转动时，因为这时水阻力全部作用在桨叶上，侧压力的影响较大，随着船速的增加，侧压力的影响将逐渐减弱。负荷重的桨叶，对水面拢动也大，故侧压力影响也大。船在前进中开倒车，侧压力影响很大，故应尽量避免突然反转螺旋桨。

③倒车时的侧压力比顺车时大得多，主要因螺旋桨的正反面结构形状不同，反面受力面大。另外，倒车时的吸入流，因没有船体的遮蔽，吸入空气现象比顺车严重，故侧压力较顺车大。

无论重载船还是轻载船，在倒车时的侧压力及排出流的作用，都有使船艏向右偏转的趋势。反之，左旋单车船在倒车时，有使船艏向左偏转的趋势，故在船舶操纵中必须注意这一特性，事先采取预防措施或加以运用。

（2）推进器流的影响。顺车时，螺旋桨将前方的水流从船体两侧吸来称吸入流，经过螺旋桨搅动后，向后方排出称排出流。倒车时的吸入流和排出流的流向和顺车时相反。要注意吸入流和排出流是以桨叶浆面为界区分的，而且排出流经过螺旋桨搅动后呈螺旋状排出。吸入流的特点是：流速较慢，范围大，水流线几乎是平行的。而排出流的特点是：流速快，范围小，水流旋转激烈。

顺车时，吸入流不直接作用于舵面，与舵效无关，故对船舶偏转无影响。倒车时，吸入流从艉部来，先经过舵面，当正舵时无影响；在有舵角时将产生原舵力，右舵推艉向右，使船艏偏左；左舵推艉向左，使船艏偏右。如图5—3所示。

（3）追迹流的影响。船在前进中将有两种情况产生追迹流：

1）船体前进时不断把水排开，而在船的后部留下空隙，将由后方的水向前填补而产生“势伴流”，影响较大。

2）船在前进中，由于船壳与水之间的摩擦作用及水分子的黏性将使船壳附近的水随船前进称为“摩擦伴流”。这两种伴流在船前进时，其大小与厚度自船艏向船艉逐渐增大，其最大值在船艉附近。

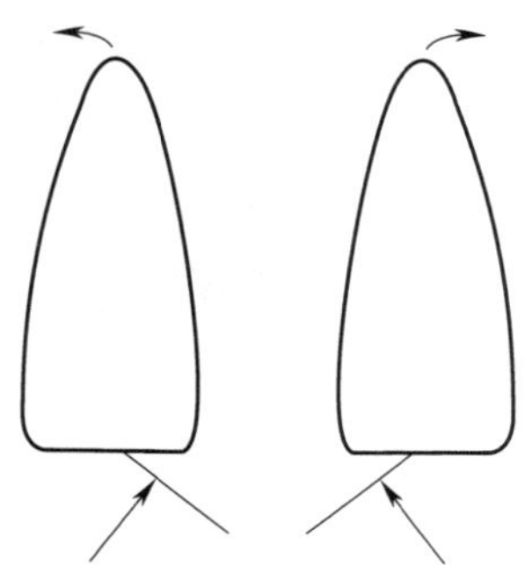

图5—3　右舷单车吸入流船舶偏转方向

由于船体在水线处比底部龙骨处肥大，所以伴流在近水面处较大。伴流除能增加主机推进效率外，从操纵角度其影响如下：①伴流减少了水对舵相对运动速度，故削弱了顺车时的舵力，使舵效减弱。②增强了上叶片的水阻力，使侧压力减少，故随着船速的增大，顺车时，侧压力推艏偏左的现象逐渐减弱或消失。

3）船在倒车后退时无影响。

5.1.3 其他因素对船舶操纵的影响

1. 风的影响

风力对船舶操纵的影响很大，风力是作用在船的水线以上部分，故与船的装载情况、上层建筑的高度和布局有关。重载船抗风力强，而空载船吃水浅，受风面积大，浆和舵入水浅，遇到大风时，船就不易操纵。故空船在港内航行须经常用车速来维持舵力，空船一旦停车失去舵效后，船受风影响产生偏转及漂移后，再用车舵来维持船位是很困难的。

（1）风力对船产生偏转影响应注意的三个中心：风力对船体的作用中心 N，船舶重心 G 和作用于船体水线以下部分的漂移水阻力中心 R 之间的关系。

1）风力对船体的作用中心 N：N 的前后位置决定于风舷角和受风面积的大小及分布情况，如三岛型货船，正横之前来风，N 在 G 之前，随着风舷角的增大而向后移动，直到横风时，N 与 G 几乎重合；正横之后来风时，N 在 G 之后，随着艉舷角的增大而向前移去，直到横风时，N 与 G 几乎重合。

2）船舶重心 G 的位置：决定于船本身的构造及装载情况，其纵向位置一般在船舯稍后处。

3）漂移水阻力中心 R 的位置，决定于船体运动方向及水线以下船体侧面形状有关：一般船在航行并同时向下风漂移时，R 在 G 之前；船在后退并向下风漂移时，R 在 G 之后并接近船艉端处；船在横移时，R 在 G 附近。

（2）船舶受风影响的偏转规律

1）船在静止中受风，静止时，R 接近 G 处。

①当风从正横前吹来时，N 在 G 之前，风力对 G 产生转船力矩，使船艏向下风偏转，因而使风舷角逐渐增大，N 也逐渐向 G 移动，直到风舷角接近正横时，因 N 也与 G 基本重合，船艏停止偏转，使船处于横风状态向下风漂移，如图 5—4 所示。

②当风从正横之后吹来时，N 在 G 之后，产生 M_n 使船艉向下风偏转，N 也逐渐向前移近 G，船转至横风状态，N 与 G 几乎重合，M_n 也消失，也使船处于横风状态向下风偏移，如图 5—5 所示。

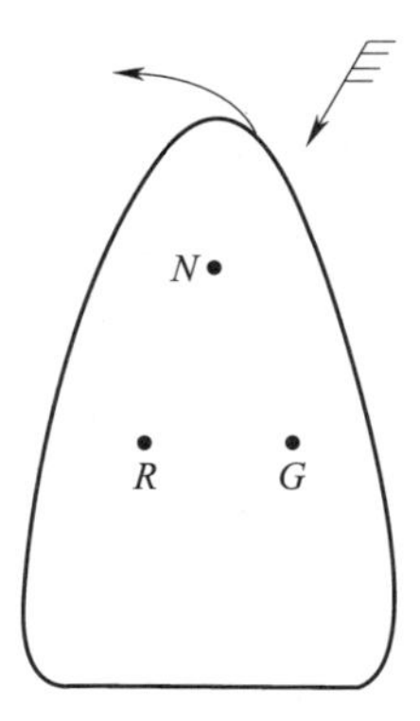

图 5—4　静止中受风

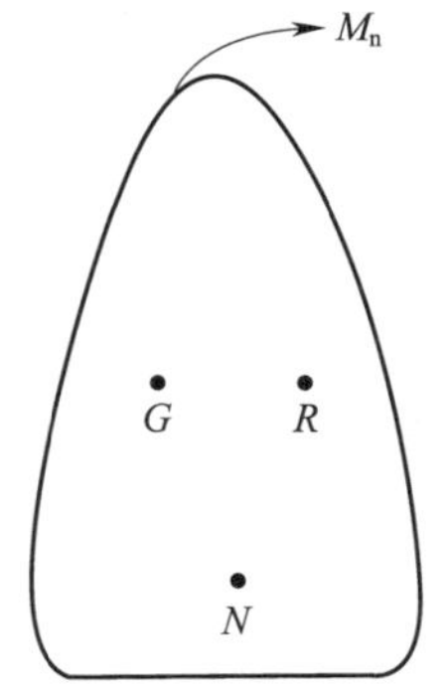

图 5—5　风从正横之后吹来

2）船在后退中受风：船在后退中，R 在船艉。

当风从正横前吹来时，N 在 G 之前，风力与漂移水阻力对重心产生的转船力矩 M_n 与 M_R 方向一致，使船艉向上风偏转；当风从正横之后吹来时，虽然 N 与 R 都在 G 之后，产生的转船力矩 M_n 与 M_R 方向相反，但由于后退中，R 接近船艉，而且艉部体积肥大，吃水深，加上有舵及螺旋桨的阻滞作用，也将使船艉偏向上风。实践证明：各类型船舶在后退中一般都具有"艉找风"，即船艉偏向上风的规律，这种现象，在风速越大、船后退速度越快时越明显，如图5—6所示。

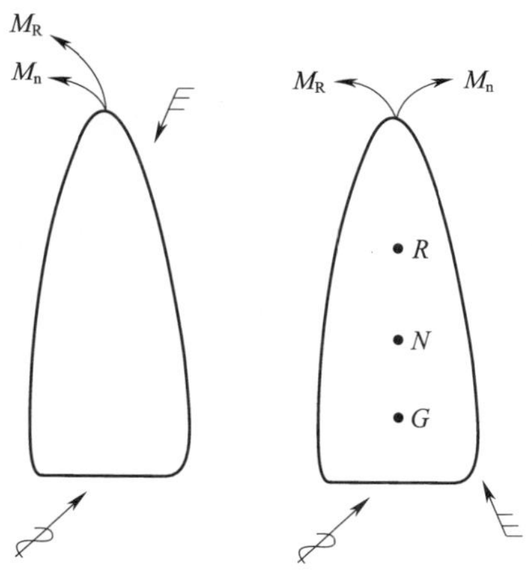

图 5—6　船在后退中受风

2．流的影响

流与风相反，是作用于船体水下部分，将船向流向推移而产生流压差，由于水的密度比空气大得多，故流压对船舶航行的影响，往往比风压大得多，特别是重载、吃水深、速度慢的船。流对船舶运动的影响规律，可以从以下几方面来讨论。

（1）水流对船速的影响。当船在有流的水域航行时，如水流是均匀的，则其实际对地的航速，是静水时的船速与流速的矢量和。故顺流航行时，实际航速等于静水船速加流速；顶水航行时，实际航速等于静水船速减流速，即顺流航行的实际航速比顶流航行的实际船速大两倍的流速。而当航向与流向不一致时，正横之后来流，实际航速比静水船速增大，而在正横之前来流，实际航速将比实际船速减少。

（2）水流对冲程的影响。顶流中，冲程将减少，流速越大冲程越小；顺流中，停车后减速的过程非常缓慢，最后如不借助倒车或抛锚，就无法阻止船以水流的速度向前漂移。故顺流航行要特别注意流的影响。

（3）流压对船舶漂移的影响。当船的艏位线与流向有一定夹角时，流的压力将使船产生漂移，夹角越大，流压越强，漂移越大；流速越快，船速越慢，漂移越快。故顶流靠泊时，应根据流的强弱、船位的开拢，来控制适当的靠拢角，因为船身横压的急或缓就取决于靠拢角的大小，靠码头是否安全迅速，很大程度上是看靠拢角是否及时调整合理。流压对船舶漂移的影响如图 5—7 所示。

（4）水流对舵效的影响。只要不改变船与水的相对运动速度，则不论是顺流还是顶流，在同样舵角时，其原舵力和旋回力矩的大小不会改变，只是在顶流时能在较短的距离上比顺流转过更大的角度，因此顶流时的舵效比顺流时好。当然，在对地的实际航速相同时，则顶流时的舵速比顺流时大，故舵力及旋回力矩也大，舵效更好。故顶水船比顺水船易控制，靠码头要顶流靠泊，这也是在狭窄的弯道处要求顶水船让顺水船的原因。但要注意大船过弯曲水道时，顶流时由于水流对船艏的冲压，舵效反不如顺流过弯。水流对舵效的影响如图 5—8 所示。

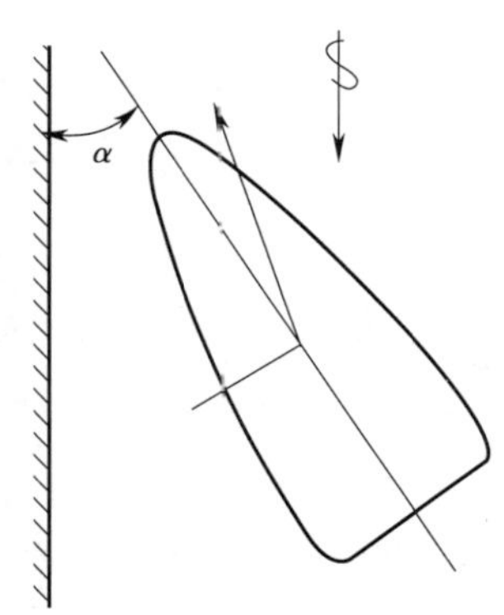

图 5—7　流压对船舶漂移的影响

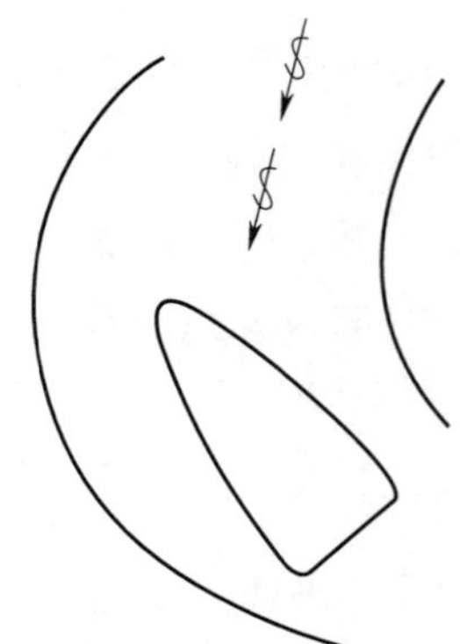

图 5—8　水流对舵效的影响

（5）水流对旋回的影响。顺流旋回，纵距要比在静水中时大，旋回轨迹是一条向水流方向伸展的弧线；顶流旋回正好相反。故在有流港，掌握转向点与静水港不同，顺流应提前转舵，顶流应迟缓转舵，这样在流压的推移下，使转向后船位仍能保持在预定的航线上。

3. 纵、横倾对船舶操纵的影响

（1）纵倾的影响。由于装载不均而产生艏、艉吃水不等的现象称为纵倾。

1）艏纵倾：俗称“拱头”，艏部装载过重，使艏吃水大于艉吃水。由于它艉部上翘，使螺旋桨效率降低，使船速降低，倒车效率也差，航行稳定性变差，而且大风浪时船艏易上浪，所以整个操纵性能变坏，一般不允许艏纵倾的存在。

2）艉纵倾：俗称“翘头”，艉部装载过重，使艉吃水大于艏吃水。艉纵倾过大时，同样使船底阻力增大，舵效差，船速下降。现在在一般船速范围内航行时，均出现艏下沉，故有适当的艉纵倾，可使螺旋桨发挥最大的效率，可增加航速及舵效，航向稳定性及舵效也好，有利于操纵。

（2）横倾的影响。船舶由于左右装载不均匀而产生左右吃水不等的现象称横倾。

1）横倾时船体水下形状发生变化，在航行中因两侧所受水阻力不同，船要发生偏转，势必影响航向稳定性。为保持航向，需经常向一侧压舵，增加阻力使船速降低。

2）船舶的倾斜，使舵叶随之倾斜，因而舵叶的有效面积缩小，减少旋回力矩，使舵效降低。

3）横倾较大而在航行中又遭到风浪袭击，或做旋回运动时，如操纵不当，容易造成甲板上浪，严重时可能有倾覆危险，一般不允许横倾存在。

4. 惯性冲程的影响

（1）一般所说的惯性冲程是指：船在顺车前进中，从停车或倒车时起，至船停止对水运动止，船凭惯性前进的时间和距离。

（2）船舶的惯性冲程分类

1）启动惯性冲程：停止中的船，从开快顺车起，至船达到实际最大航速时，所需要的距离和时间。根据经验，从静止状态启动主机前进直至达到常速，满载船的航进距离约为船长的20倍，轻载时为满载时的1/2～2/3。

2）停车惯性冲程：船在全速前进中，从停车起，至船停止对水相对运动为止，船所淌航的时间和距离。

3）倒车惯性冲程：船在全速前进中，从开倒车起，至船停止对水相对运动止，船所前进的距离和时间，又称为最短停船距离。

（3）影响惯性冲程大小的因素

1）船舶排水量越大，惯性冲程越大。

2）同一排水吨位的船，船速越快，惯性冲程也越大。

3）顶风顶流惯性冲程将缩小；反之则大。

4）浅水中，阻力增大，惯性冲程将缩短。

5）线型好，表面光滑的船，阻力小，惯性冲程大；反之污底严重，线型不良的船，惯性冲程就小。

6）主机功率大，换向时间短的船，惯性冲程就小。

5. 浅水的影响

（1）船进入浅水区将产生的异常现象

1）船体下沉：由于船底和河床距离近，故在船底处水流断面变小，流速加快，使该处静压力减小，引起船身下沉。

2）船速下降、主机转速降低

①水流受船底剩水的限制，流速增大，故摩擦阻力增大，而且船体下沉后浸水体积增大，也使摩擦阻力增大。

②因水流线的压力差，使涡流阻力也增大。

③船位螺旋桨附近的追迹及涡流的增大，使排出流排泄不畅，故螺旋桨转速下降，使它的推进效率变差。

④水深限制了船波的运动，故兴波阻力也增大。

（2）进入浅水区应采取的安全措施

1）应慢车航行，必要时应停车，防止造成浪损或因船身下沉而拖底和损坏螺旋桨。

2）及时测深，缓速离开浅水区。

3）切不可为走近路而盲目进入无把握水域。

4）对保留剩水，要根据河道情况、季节变化及风向风力情况，留有余地地计算潮汐高度。

6. 船吸及岸推、岸吸现象

（1）船吸

1）船吸现象产生的原因。当两船平行航行，间隔较小时，由于两船夹档内侧水流断面变小，使之流速加快，因而压力降低，产生内外侧的压力差，推船向内贴拢以致可能发生碰撞。

2）船吸作用力的大小与下列各因素有关

①两船相距越近及相遇地区水深越浅，船吸作用越大。

②船舶排水量越大，航速越快的船，吸力越强。

③两船船速相差越小，相互作用的时间越长，影响越大。

④两船排水量相差越大，小船越容易发生偏位而冲碰大船。

3）船吸防范的措施

①两船平行航行时，切勿过分靠拢。故在狭水道追越时，应选在宽直、水深的地段。避免在转向点附近进行追越，以防航向变化时横距缩短。

②两船平行航行时间不宜过长。故追越前应相互联系协同避碰，被追越船应拉开档子减速航行，以便追越船尽快通过。

③因航道限止或避让等原因而无法保持较大横距时，应减速航行，稳住航向。

④两船对遇，如因条件限制横距较小时，对遇前两船应减速保持舵效，待船艏将平时，加车以增加舵效，稳住航向，安全驶过。

4）两艘大小相似的船，在平行追越时的偏转情况，如图5—9所示。

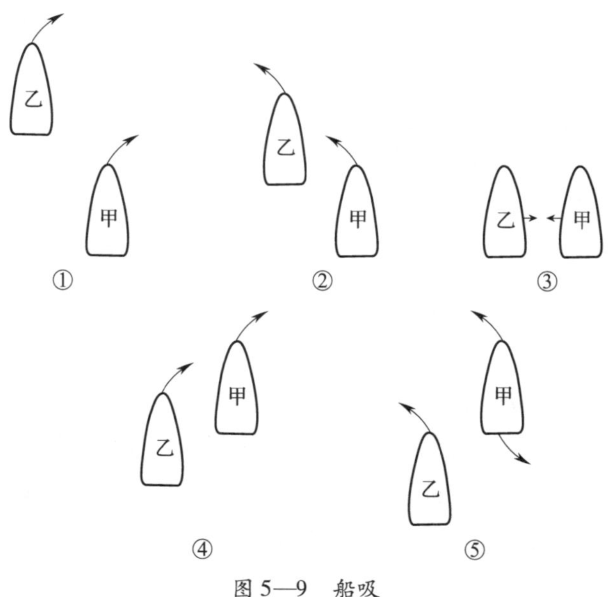

图5—9　船吸

位①时，甲艏开始与乙艉重叠时，因双方都是高压区，两船相互排斥，使两船艏一致向右偏；位②时，甲艏处于乙中部的低压区，乙处于甲中部低压区，故两船艏一致向左偏；位③时，两船平行相吸而相互靠拢；位④时，两船艏一致右偏；位⑤时，两船艏一致左偏，此时若甲是小船，极易产生甲船横于乙船进路上的情况。

（2）岸推、岸吸。在狭水道或距岸壁、码头较近航行时，将会在航速较高时出现船身向岸边靠拢的情况，同时产生船艏向外，船艉向岸的偏转，其原因是：由于船艏波受岸壁阻挡反射而推船艏向外，另外由于内侧水流排泄不畅，使水位增高，压力增大也推艏向外，这种现象称为岸推。

5.1.4 操纵性指数

1．旋回性指数 K

表示船在进行定常旋回运动时，它的角速度大小的指数，即某舵角的定常旋回角速度与该舵角之比。K 值越大，则旋回角速度越大，旋回直径越小，表示旋回性能好。

2．追从性指数 T

表示船对舵的追从性能，即船转舵以后，要经过多少时间才能达到旋回角速度递增率最大，也就是 T 越小，保向性越好，即舵效好。

故前面所说的四种情况，可以归纳如下。

- T 小 K 大：即舵效与旋回性能都好。
- T 小 K 小：即舵效好而旋回性能差。
- T 大 K 大：即舵效差而旋回性能好。
- T 大 K 小：即舵效与旋回性能都差。

5.2 系泊操纵

5.2.1 靠泊操纵

1．靠码头操作的一般原则

（1）在有流的港口，以顶流靠为原则，当风流方向不一致时，以顶流影响大的一方为主；在平流时则以顶风为原则。先求安全稳妥再求迅速。在陌生船上，靠陌生码头或流向吃不准时，尤其要注意尽量避免用快车接近码头，再用快倒车倒停的方法操作。

（2）单车船在靠码头时，要注意利用倒车船头的偏转特点，故倒车不宜用太久、太多，应控制进泊时的余速。

（3）为了保证靠泊安全，一般都用小角度慢速淌航接近码头，但某些操纵性特别灵活的船舶，也有采用大角度驶近码头再用大舵角将船艏向外偏转，使船身与码头平行，凭借惯性使船身横移靠拢码头，但进行该操作，必须技术熟练并在确有把握下进行，双车船如果车舵配合密切，在操纵中比较方便。

2．靠码头的准备工作

（1）预先通知机舱做好靠码头的准备，悬挂有关信号，人员各就各位，准备和清理好缆绳、碰垫等，并试转锚机及绞缆机。

（2）了解码头附近的水深、流向流速、风向风力等，并对码头结构、长度及水下是否有障碍物和其他环境特点，当地水位差的大小等也应了解，以免靠泊后产生搁浅及吊缆等。

（3）决定靠码头方法，并通知有关人员。

（4）靠泊之前应对上下水船舶动态了解清楚。

3．靠码头的基本方法

（1）小角度驶靠。船在靠泊时以艏位线与码头几乎平行，靠拢角小于15°为特点的靠泊法称小角度驶靠，常用于水流平缓、风力较小且码头下方水域宽敞时。其操作要点是摆好船位和适时停车淌航，要有较小的适宜横距和船艏向，操作简便、用车舵次数少是最大优点。

（2）平移驶靠。船平行泊位外挡后，利用舵控制艏艉线与流向的夹角，使船以近乎横向平移的运动向码头靠拢的操作方法称为平移驶靠，用于泊位上下端都靠有其他船舶时。其操作要点是用车、舵调整艏艉线与流向的夹角，控制船舶使之处于不进不退状态下，在有限范围内作横向平移。

（3）大角度驶靠。此法是船以艏艉线与码头线成较大角度迫近，在适当地点及时停车，用大角度转向将船调平，利用船的横移驶靠的方法称为大角度驶靠。常用于操纵性能好的小船，在有吹开风而流利较弱的情况下，或嵌档靠时用。但要注意船舶要有较好的操纵性能，操作员有熟练的操纵技术，若再配合锚，则效果更佳。

（4）抛锚驶靠。利用抛锚，再配合车舵的驶靠方法，既有利用控制向码头贴靠的速度，又方便于离泊时的操作。抛锚驶靠又有抛开锚、抛领水锚和抛倒锚的区别：抛开锚用以控制向码头贴拢的速度，并为离泊时提供方便；抛领水锚用以承受急流的推压，或泊位下端余地较小时的防范；抛倒锚则主要控制本船冲势，是泊位上端余地较小时的方法。

5.2.2 离泊操纵

离码头的准备工作如下：

1．预先通知机舱，做好用车准备。

2．试校车、舵、声号及灯号等，检查航行属具是否正常，按规定挂有关信号。

3．检查人员是否到齐，船行证件是否齐全，岸电的电缆是否收进、油、水及食品等是否备齐。

4. 观察周围环境，来往船只和风、流情况是否允许安全离泊。

5. 确定离泊方法，并将意图通知有关人员。

5.3 锚、缆的应用

5.3.1 锚的应用

1. 锚在船舶操纵上的应用

船员有句俗语："锚是船长的第二生命"，可见锚在船舶操纵中的重要作用。使用得当，能使操纵更加安全、顺利，甚至可化不利为有利；而使用不当，反而成为累赘，甚至发生断链、丢锚事故。其主要用处有以下几点。

（1）协助掉头。由于水域限制或风流影响，用抛锚再适当配合车舵进行掉头，可大大缩小掉头范围，如在狭水道中顺流掉头。

（2）拖锚制动，减少冲程。港内航行，为了紧急减速，除使用倒车外，还可抛锚，使用短链拖锚，控制船速，减少冲程。有时在使用倒车时，为避免船艏偏转过多，及时抛锚进行配合可取得较好效果。在靠泊时，为抵御较大风流影响，有时不得不以较快余速进挡，为使船适时停住，及时抛锚制动并配合倒车是常用而有效的措施。

（3）控制船艏的偏转。靠泊时用以调整船身横向码头的速度，并阻滞船艏受流压影响快速扎拢码头。开航时可利用开锚使船艏离码头。在狭水道短距离移泊，尤其是在风流影响下向后移泊，用抛锚后退办法使船艏不易偏转，利于安全操纵。

（4）系泊时。在等待泊位、避风、候潮及修理主辅机等作系泊之用。

（5）紧急措施上的应用。在防搁浅或避碰时，当用快倒车仍无法避免时，可抛双锚协助紧急制动。在搁浅后作固定船体及协助脱浅时用。在大风浪中漂航时用等。

2. 抛锚前应作的几项选择

（1）锚地的选择。选择锚地应结合海图、航海资料及气象预报等，作全面认真的研究，以下是选择锚地时应考虑的几个方面。

1）水深适宜，水流平稳。一般以 3 ~ 5 倍吃水的水深较适宜，如水深过浅，在风浪和潮汐的作用下，可能发生墩底搁浅，或锚爪碰触船底，造成船底损伤或发生泥沙堵塞管道等。如水过深，不仅容易损坏锚机，而且起锚时间长，不利于紧急开航。而水流急，容易发生走锚。

2）地质良好，地势平坦。锚地地质以软泥底最佳，泥沙底次之，沙砾或贝砾底较差，石块底则不宜抛锚。锚地应选择平坦、坡度不大的河床为宜，坡度大易发生走锚。

3）周围环境无障碍。船在锚泊中，由于风流的影响，有一定旋回范围，还要考虑到走锚等特殊情况的发生，故应有足够的活动地位，以策安全。还要远离暗礁、沉船、危险品码头及过江电缆等，避开航道或船只来往频繁的地区，并有显著陆标可供随时测定船位。

4）避风条件。锚地应尽可能符合避风要求，以免在锚泊中受到风浪袭击，可选在有挡风陆地的下风处，避台风最好选择环抱式的海湾锚地或四周有高山、岛屿作屏障的水域。

（2）选择用锚。由于锚地的条件及停泊目的的不同，可选用抛单锚或双锚，其中抛单锚又有抛哪一舷锚的问题，一般是，在宽敞锚地、风流影响较小时，可任意抛一舷锚。风、流来自一舷，则抛上风，迎风一舷的锚。风、流方向不一致时，以抛影响大的一舷为主。单车船可抛与车叶旋转方向相反的一舷锚。

3．抛锚的方式

（1）抛单锚。一般在风浪小、水流不太急、锚地宽敞而且锚泊时间又较短时，用单锚系泊。其优点是抛起锚简便，不会发生锚链绞缠现象；其缺点是系留力较小，易发生走锚，而且在风流转向时，旋回范围较大。

（2）抛一字锚。船舶很少用“一字锚”系泊，主要由于其抛起锚操作麻烦，在风、流变化时容易发生锚链绞缠现象，而且其系留力并不比单锚泊时大。只有在风浪下、水流不太急，而锚地狭窄不能满足单锚系泊所需旋回余地的情况下采用。一字锚虽用双锚，但只有迎风、流那边的一只锚受力，称为“力锚”；而另一锚因为背风、流故不受力，故称为“惰锚”。

（3）平行锚。双锚平排而成，其系留力为抛单锚的2倍，而且操作较任何双锚泊方法都简便易行，只要两舷链长相等，较抛单锚稳定而偏荡较小，我国南方常受台风袭扰，不少船长采用平行锚泊法抗台，取得很好效果。尤其是在抓力最大、操作简便、左右均衡、善于应急等方面，不失为抗台锚泊有效手段。其缺点如单锚泊，回旋范围较大，而且有可能发生绞缠，但出现可能较小，而且清解容易，若再辅以减小偏荡的其他方法，对强风时提高锚泊的安全大有好处。

（4）八字锚。为了加强锚的系留力，缓和船的偏荡，在大风浪、急流、抗台风及底质较差，而抛单锚系留力不够用时，多采用抛八字锚方法。

5.3.2 缆的应用

1. 各缆名称及作用（见图5—10）

（1）头缆：大轮一般带2根以上，用以控制船舶的后缩。

（2）前横缆：用以控制船艏外移。

（3）前倒缆：用以控制船舶的前冲及船艉的偏转。

（4）后倒缆：控制船舶的后缩及小船用来控制船艏的偏转。

（5）后横缆：控制船艉外移。

（6）艉缆：控制船舶的艏冲。

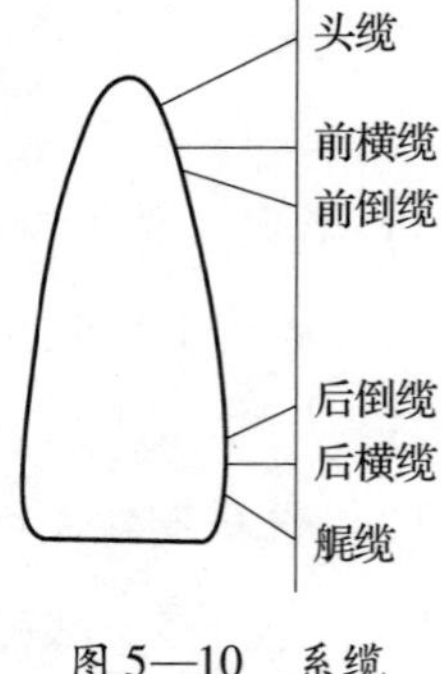

图5—10 系缆

系泊浮筒的船舶，除在艏艉系带若干根单头缆外，为了离泊时用作单绑及便于解缆，还应各带1根回头缆。

2. 靠泊带缆的先后顺序

（1）一般情况下的带缆顺序。在有流港口，船舶多顶流靠，在静水港多顶风靠，因而普遍做法是要先带头稳住船身，以免由于风、流使船后退，而不得不频频进车以保持船位，尤其在拖锚制动后，靠泊时只要车一停，船身便因向后伸出的锚链作用而后缩，更需及早带上头缆并使之受力。如因缆桩较近先带倒缆，而船还在前进，这时倒缆应及时溜出，否则倒缆吃力后，其横向分力将使船艏快扎拢码头，会使船艏内舷与码头挤碰受损。这时应用外舷满舵，必要时采用短暂微进，并及时略松艏倒缆来挽回。对重载船应注意防止明显的前冲后缩，而用拖锚制动能较有效抵消船艏挤向码头的扎拢力，并为在码头边控制船身而用车舵创有利条件。总之，靠泊时应先带船艏缆，后船艉带缆；而船艏应先头缆，而后倒缆、横缆。

（2）吹开风或拢风较强时的带缆顺序。在有吹开风或拢风较强时，一般先带横缆，无条件也可将头缆与前倒缆同时带上，并尽快收紧。其目的在于：吹开风时可防止船艏被吹开而陷入被动；吹拢风时一旦船艏贴拢码头后，可防止船艉被风压拢过快而触码头。

（3）艉部出缆先后顺序。艉部出缆通常是在船艏已带上带缆及前倒缆并稳住船身后在驾驶台指示下开始，以免影响动车，其先后顺序视具体条件而定。

1）重载船在顶流较强时，为防止船身后缩，应先带艉倒缆，后带艉缆及横缆。

2）如流较弱而风从艉来且较强，则先以带艉缆为妥，然后再带艉倒缆、横缆。

3）如空载船在开风较强时，则宜先带艉横缆，以便尽快将船艉绞拢。

总之，带缆的先后顺序应以船舶操纵的全局出发，符合有利于稳定船身，平稳贴靠的要求，船艉协调使船平行轻稳地靠泊。

3. 用缆时的注意事项

(1) 停泊中各系缆应均匀受力。停泊中因潮汐、风流影响及装卸货等原因，使原来受力均匀的各条系缆，由于出缆长度及空间角度的不同而产生新的不均匀受力状态，由个别缆来承担外力而产生连锁断链的事故，故应及时调整，以免危及船舶安全。

(2) 操纵中要防止产生缆绳突然受力而绷断；故在用倒缆时应先绞紧一次，动车受力后再逐渐加车，切勿动动停停，易使倒缆受到顿力。

(3) 尽量减少磨损。故在与缆绳摩擦部位应及时衬垫以减少磨损，钢丝绳应尽量减小弯曲角度。

(4) 系缆角度要适当。因系缆受力仅是水平分力为有效分力，故应使系缆俯角尽可能小，系带远处缆桩是降低俯角的有效办法。两条倒缆的主要作用是防止船身前后移动，为发挥其有效拉力，应尽量使其与码头线平行，如在吹开风时，为配合艏艉缆控制船艏艉位置，在无横缆时，则应与码头线保持一定交角更为有利。艏艉线与码头线交角也要视具体情况而定，大些有利于抵抗吹开风影响，小些有利于抵御较强潮流影响。

(5) 缆绳挽桩要牢固。在双系桩时要挽足够道数，以防受力跳出。

(6) 系离浮筒时用缆。应使各单头缆均受力，回头缆不宜吃力，离泊时应先解下流处的单头缆，后解迎流一端的单头缆。若风流较大，估计回头缆难于抵御风流时，应待拖轮带妥后，再解迎流端单头缆。

5.4 特殊情况下的船舶操纵

5.4.1 船舶遇雾时的操纵

1. 雾季来临前的准备工作

船舶应根据航区气候变化的规律，在雾季来临前，应进行思想动员，组织督促有关人员，制定和学习有关雾航措施，并预先做好下列各项准备工作。

(1) 熟悉各航区水道、潮流的情况，气候变化规律。悉心研究分析平时积累和记录的航行资料，如各航段的航标、航向、航时、目标特征等，以便作为雾航的依据和参考。

（2）掌握本船的各种操作性能、旋回要素及不同车速下的航速和最短停止距离。

（3）校正各种助航仪器的误差，能熟悉和正确运用本船的通信设备，如罗经、测深仪及雷达等助航仪器。

（4）仔细检查船上的各项设备，如声号设备、现有排水申报、水密设备、救生堵漏设备等，并保持良好状态。

2. 航行中遇雾时应采取的措施

（1）值班驾驶员应立即报告船长，由船长亲自指挥，值班驾驶应在驾驶台协助瞭望。

（2）通知机舱备车，并减速航行，随时做好全速后退的准备，并按章鸣放雾号。

（3）抓紧时机，利用一切可能的方法，求出最后的实测船位，以便作为进入雾区航行后的依据。若有他船在附近，应注意其位置与动向。

（4）开启雷达、测深仪等助航仪器，使其处于工作状态，必要时显示号灯。

（5）加强值班瞭望，派人瞭头，打开门窗，全船保持肃静，切勿喧哗，以免影响听觉。

（6）随时掌握本船船位，并备锚航行。若雾转浓或无法确定船位时，应立即选择安全地带抛锚。

3. 雾航中瞭望

（1）视觉瞭望

1）雾航中应加强驾驶台视觉和使用望远镜瞭望，必须根据雾的性质或其高度，在船艏甚至桅顶配置瞭望人员。

2）除尽可能及早发现前方目标外，还要细心查看本船周围物标，以正确判断本船船位。

3）航标的灯光及物标因雾的关系，射程大大减小，目测距离误差很大，所以不能为了要看到灯光或物标而过分驶近它们，必须结合航道情况谨慎操纵。

4）由于雾是由极小的水滴组成，当白色光线通过时，可能由于色散射或光折射的关系，而显示出带红色的光线，夜航时必须特别注意。

（2）听觉瞭望

1）本船施放雾号的时间不宜过短，否则他船很难分辨，同时也会使本船无法听到外来的声号。

2）在狭水道，雾号有时为附近山岸阻挡，不能远传，应予警惕。

3）雾中往往先闻其声，后见其物：如海浪拍岸声、空船桨击水声、小船敲打响器或临近时人喊叫等，需细心倾听，必要时停车倾听。

4）不能认为没有听到对方雾号，就表示对方距离本船很远。

（3）雷达瞭望

1）熟悉本船雷达性能，按操作规程操作，注意调整接收的灵敏度。

2）仔细观察搜索周围情况，尤其是小木船、渔船等，因其反射能力弱，观察时应先从小距离标尺开始，然后转换大距离标尺，必要时远近距离标尺交替使用，防止其回波夹在杂波光点内。

3）应考虑雷达设备的性能、效率和局限性，风浪、雨、雪等的干扰影响及盲区的存在，只可作为辅助仪器。

5.4.2 狭水道船舶操纵

1. 狭水道的主要特点

（1）航道狭窄、弯曲：有些地方航道宽度甚至仅允许单行交通。因此不仅航向变化频繁，而且避让余地和风流压的偏位余地甚少，给船舶操纵带来较大困难。

（2）航道水浅、滩多：一般江河水道水浅滩多，底水不富裕，势必影响船舶的操纵性能，而且滩势多变，除应掌握最新图案资料外，还要准确掌握好潮时、潮位。而在一些岛礁区又往往水深流急，使船舶在应急时又无法随地锚泊。

（3）狭水道暗礁、沉船等障碍物多，在航道周围抛锚船多：这些都要求驾驶人员加强瞭望，并随时准确掌握自己的船位，特别是在晚上或视线不良时，瞭望更应加强。

（4）船舶密集，往来频繁，进出口船只多。

（5）目标多、距离近。这是有利条件，可以作为导航和避开危险物的依据。但由于距离近，目标方位变化快，故要求辨认目标准确，迅速。在平时要熟记各主要物标的特征并熟练地运用“串视”“开视”“闭视”等定位和导航方法。充分利用雷达识别各种可以探测到的物标回波图像，以适应视程变化时定位之用。

2. 狭水道对船舶操纵的影响

由于许多狭水道水浅滩多，船航经时将产生浅水效应，如船速降低、船体下沉及纵倾、舵效减弱、船艏偏转等现象。由于航道狭窄，来往船多，船在航行时将发生岸推、岸吸现象及船吸现象等。此外，由于狭水道各段水域横断面积有较大差异，故狭水道中将产生强急流、涡流和回流，将增加操纵难度。而由于水域限制，将产生较大的船行波，另引起浪损事故，使停靠岸边的小型船舶剧烈地上下和前后颠簸，发生蹬底、断缆甚至倾覆事故，因此在狭水道中航行，除了应加强瞭望，掌握自己船位，严格遵守港章及避碰规则外，还应注意控制车速。

3．狭水道航行的准备工作

由于狭水道航行的复杂性，要求船舶在进入狭水道以前，应充分做好一切准备，以确保安全航行。

（1）准备好最新海图、港章及航海指南中有关部分和经验介绍，结合潮汐、气象等资料，进行全面分析研究，拟定出有导航目标的安全航线。重载船要预先掌握好过浅滩的时间及船底的富裕水深。

（2）求出各航线的罗经航向、航程及经过时应采用的风流压差，以及采用哪些导航方法。导航物标宜多选几个，以防单一目标漂失或灯光熄灭。

（3）无论白天或黑夜，按导标航行必须事先熟悉狭水道内的全部导航设施，如灯质、灯光、照明弧度、结构外形及周围情况等。

（4）对比较狭窄弯曲地段，或浅滩、急流及危险地段，应特别注意研究避让方法，充分了解本船的操纵性能，利用有利时机，如白天、流弱、船少的时候通过。同时掌握好航道宽度、水深以及能够偏离航线的最大范围。

（5）预先拟定出必要时可供锚泊的适宜地段。在视距可能变坏的情况下及顺流进入水道时尤为重要。

（6）对于紧要地段，应做到不看海图及交叉定位等方法，只用目视就能根据船艏物标、航向、距离避开危险物。

4．进出港航行的注意事项

（1）及时改正航行通告，研究查核港图水深变化情况，熟记航道的特点。

（2）根据情况派人瞭头，备锚航行，认真瞭望，仔细观察不点灯的小船及来往船舶的动态，正确判断，随时做好避让的准备。

（3）要养成走本船航道的好习惯，随时掌握本船船位，不占据他船航道，以免造成交叉，减少频繁的避让。在流向横压的地段，应多观察前后目标，才能及早发觉是否偏出航道。

（4）按章悬挂有关信号，严格控制航速，要善于观察和辨别复杂情况，及早控制船速。对挂有慢车信号的打捞等水下工作的船级水泥船尤应注意，防止浪损。

（5）急流中航行更要严格控制船速，以便应急时有时间采取避让措施。应注意前方船是否挂有掉头信号，特别要警惕不挂信号而突然掉头的船舶。逆水航行要注意横越抢头的船舶在急流中有压向船艏的危险，及早让开。

（6）在操纵中发生困难时，不要忘记抛锚。在前进中抛锚先抛上风锚，在大转弯中抛锚须抛内舷锚。在紧急抛双锚避碰时，锚链不宜过长，以防断链。

5．沿浮标航法

狭水道中为确保航行安全，常设有浮标以指明航路，如长江水道就是典型例子。此法系按海上浮标所示的航道，划出航线，量出各浮标间的航向、航程，顺着浮标逐个通过。在利用浮标导航中，应做到和注意下列几点。

（1）设置浮标的水道，水深变化较为频繁，航行船舶应选最新蓝图及有关航行通告，以便了解水深及浮标变动情况，随时掌握。

（2）备车航行，以便随时控制船速。视线不佳时，要增加瞭望并减速备锚航行。

（3）必须熟记各灯浮名称、号码、颜色、结构外形与灯质，以及他们间的航向、距离、水深、可航宽度及附近有关障碍物等。

（4）通过每一浮标时均进行核对，记下其名称和正横时间，以防错认或漏认。

（5）大风浪常造成浮标移位、漂失或灯光失常等，故航行中对浮标不应盲目信赖，可利用前后浮标间的方法，本船航向或其他浮标、陆标进行定位核对。如发现上述情况应立即向有关单位报告。

（6）转向后航向应叫罗经度数，切不可仅仅用舵角转向然后“把定”，而不核对罗航向。特别是视线良好时，思想上容易麻痹大意而认错浮标，导致搁浅。

（7）在能见度不良时，前方浮标不易看到，须亲自核对航向。如到预定时间仍未发现浮标时，应立即抛锚并测深，值锚更定锚位。

（8）航向中要掌握各航段的流向、流速及其变化，正确使用流压差。要防止离浮标太近而被水流压向浮标。

（9）养成走本船航道的好习惯，航行中根据前后浮标方位不断纠正本船船位。当遇到对驶船时，应及早表示动向，必要时互用声号表示。

（10）追越他船时要小心谨慎，切不可从被追越船与右侧浮标间或在弯道处的凸岸一侧追越。吃水浅的船在环境允许时应主动让出水深航道。

第6章

航道与引航

知识要求

6.1　内河航道与水文要素

6.1.1　概念

1. 航道尺度和航道标准尺度的概念

在内河水道中，具有一定深度、宽度、率曲半径和净空高度，能供船舶安全航行的那部分水域称为航道，通常用航标标示。这是一个狭义的概念。

内河航道尺度是指一定水位下的航道深度、航道宽度、航道弯曲半径和通航高度的总称。航道尺度随着季节的不同、水位的涨落变化而变化。通常，洪水期航道尺度大，枯水期航道尺度小，但水上过河建筑物的通航高度则与之相反。

长江下游南京以上的航道尺度随季节、水位变化比较明显。

航道标准尺度（又称航道维护尺度、航道保证尺度、航道保障尺度、航道最小尺度），是指在一定保证率的设计最低通航水位下，为保证标准船舶安全通航，航道所必须维护的最小航道尺度。航道标准尺度包括航道标准尺度、航道标准宽度和最小弯曲半径。同一条河流，根据河段、船舶流量、密度等条件，可分段制定各自的航道标准尺度，通常下游河段航道标准尺度大于上游河段。

2. 净空高度的概念

净空高度是适应船舶安全通过的最低高度。

航道部门和桥梁工程部门：通常把水上过河建筑物下缘最低点到设计最高通航水位面的垂直距离，称为通航净空高度或设计净空高度。

航运部门：为了驾驶员便于计算和掌握船舶通过跨河净空建筑物的安全高度，常把水上过河建筑物的下缘最低点至当地零水位面的垂直距离，称为通航净空高度或净空高度。

6.1.2 河流演变

1. 泥沙运动的基本知识

河流是水流与河床长期不断相互作用的产物，挟沙的水流作用于河床，使河床发生变化；河床又反过来作用于水流，影响水流结构。两者构成一个矛盾的统一体，相互依存，相互影响，相互制约，从而推动河流永远处于变化和发展的过程中。

水流与河床的相互作用是通过它们之间的泥沙交换来实现的，泥沙交换受紊动水流的特性所制约。认识泥沙运动的一般规律是研究和掌握河床演变基本原理的重要基础。

河流是具有能量的，这种能量的大小取决于水流所具备的势能和动能大小。因此，河流具有做功的能力，但很大部分消耗于造床做功，有侵蚀、搬运和沉积 3 个过程。

（1）侵蚀。侵蚀是指水流的冲刷。侵蚀分为深侵蚀和侧侵蚀两个方面。

1）深侵蚀。深侵蚀指侵蚀作用朝纵深方向发展，使河床的深度和长度增加而发生纵向变形。在山区河流，水流水面比降和流速大，冲刷能力强，一般以深侵蚀为主。

2）侧侵蚀。侧侵蚀指侵蚀作用朝向两岸，使河床加宽或发生平面变形。在冲击性平原河流，由于比降、流速较小，水流堆积作用明显，一般以侧侵蚀为主。

（2）搬运。搬运是指水流把侵蚀下来的泥沙以推移或悬移的运动形式往下游输移。泥沙的运动形式，与其本身粒径的大小、在河床上所处的位置以及水流条件等因素有关，故分为推移质运动和悬移质运动。

（3）沉积。沉积是指泥沙在水流挟带过程中，由于流速的减小，使水流挟沙能力降低，泥沙颗粒便由运动状态变为静止状态，沉积于河槽中。

任何一条河流的流速都是从上游往下游递减，故挟沙能力也是从上游往下游递减，而沉积则从上游往下游递减。因此，常在上游河床上发现块石或卵石，而在下游河床上只有细颗粒泥沙，这就是河口地区发生大量泥沙淤积的主要原因。

侵蚀、搬运、沉积是河流工作的统一过程。没有侵蚀就没有可以搬运的物质，没有搬运就不可能产生沉积。通过这一过程，河流本身也逐渐壮大起来。

2. 泥沙冲积物

泥沙的运动与流速有密切关系，而在河槽中流速的分布是极不均匀的，加之河槽底部常常起伏不平，使泥沙在河槽中发生的冲刷和淤积也是不均匀的，如果淤积大于冲刷，则产生各种泥沙冲积形成物，简称泥沙冲积物。泥沙冲积物对船舶航行有着不同的妨碍和影响。这里介绍几种与船舶航行有关的常见泥沙冲积物。

（1）边滩。河槽中与一岸相连的大块带状的泥沙冲积物，称边滩。山区河流的边滩一般由泥沙和卵石组成。

边滩通常与凸岸相连接，有时在枯水期也可能出现在凹岸。边滩随着泥沙沉积的增加而逐渐变大，在弯曲环流的作用下，它的平面特征是向下游斜伸的。与大的边滩相连或与河岸相连的小突嘴称为沙嘴，依附于边滩而伸向下游的形似锯齿的小沙嘴称为沙齿。在两相邻沙齿间，有一深坑，称为沙齿后坑。

（2）冲积堆（见图6—1）。由于支流与干流汇合处流速变慢，原来由支流或山溪所挟带的粗颗粒，如砾石、砂石甚至块石等，便在河口处沉积下来，形成冲积堆。特别是在山洪暴发的情况下，砂石大量被挟带而下，沉积在河口或沟谷口，严重者能将河槽几乎完全阻塞，须进行开挖才能通航。

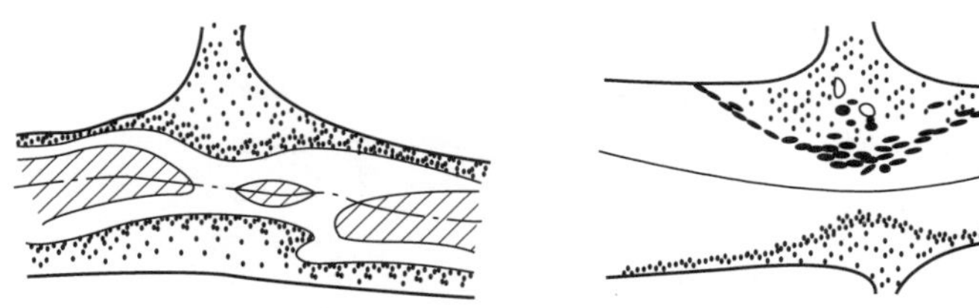

图6—1　冲积堆（扇）示意图

（3）沙包。沙包多产生于宽浅散乱和游荡型的浅滩河段上，在某一水位期，因河面宽阔、水流分散、流速减慢，或因沉船、沉树等偶然因素，常在河床上形成一些碍航的泥沙淤积体，称沙包。因偶然障碍物而产生的沙包，其断面与沙坡的断面是不同的。这种沙包前坡陡峭，后坡平缓。沙坡则相反，前坡平缓，而后坡陡峭，如图6—2所示。

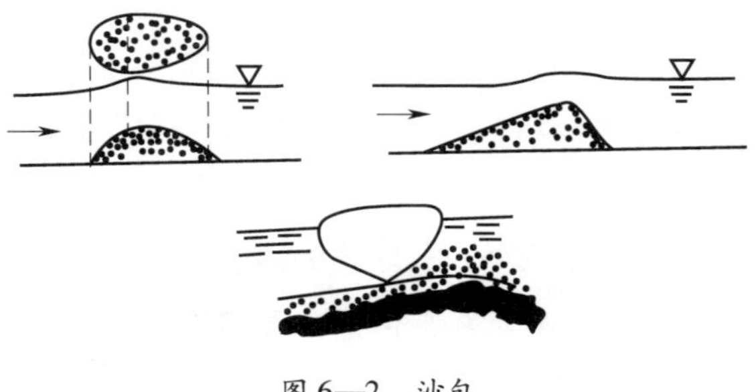

图6—2　沙包

（4）江心洲。河槽中四周环流的水上或水下泥沙冲积物，称为江心洲。水下江心洲一般称为潜洲。江心洲的形成原因有以下几点。

1）边滩艉部被水流冲刷而脱离边滩，形成江心洲，这种江心洲是不稳定的。

2）两条河流汇合后，水流的流速和挟沙能力降低，引起泥沙沉积，形成江心洲。

3）河槽平面形态发生急变，使水流情况也随之改变，如在河槽束窄的上方有壅水，泥沙因之沉积，形成江心洲，这种江心洲是十分稳定的。

6.1.3 流速、流向、流量

1. 流速

（1）流速的基本概念。水质点在单位时间内沿某一特定方向移动的距离，称为流速。流速是一个有方向、有大小的矢量，河水流速单位用 m/s，海水流速单位用 kn。

（2）天然河流中的流速分布。由于天然河槽的几何形态、河床粗糙度和断面水利条件的变化，流速在河槽内的分布是变化的，过水断面上各点流速随着在宽度上和深度上的位置不同，分布情况一般可分为流速的平面分布和垂线分布。

（3）流速在不同水位期的分布

1）枯水期。深槽处过水断面大，流速小；而浅滩则相反，流速大。因为这时浅滩如同溢流坝，提高了水面比降，使流速增加。

2）洪水期。深槽处流速大，浅滩上流速小。因深槽处一般常是弯窄或峡谷河段，洪水期流速急增与过水断面的增加不相适应时，水流壅阻不畅，比降与流速都增大；而浅滩段，一般是河槽展宽段，汛期泄水断面增大，比降与流速都减小。

2. 流向

水流质点的运动方向，称为流向。

河槽中的水流方向是随河槽形态、河底地形及水位的不同而变化的。不同的流向会直接影响船舶航行时的船位、航向的偏摆及船舶的操纵。驾引人员必须会辨认流向，掌握所处河流的水文特性，这对提高操纵船舶的技能，确保航行安全是不可缺少的，“看水走船”就是这个道理。下面介绍几种常用的目测方法。

（1）根据水面漂浮物的运动方向，判断该处表层水流的流向。

（2）根据水流流经航标时，观察标船的船向及其艉部水流迹线的方向。

（3）船舶抛单锚时，观察锚链及船舶的艏位方向。

（4）从河岸岸形判断，在顺直河段，流向基本与岸形平行一致；弯曲河段，一般是凸岸水势高，凹岸低。水流扫弯，水流从凸岸流向凹岸；弯顶以下，由于超高现象，水流自凹岸流向凸岸。

（5）根据河岸水生植物被水流冲击的倾倒方向来判断流向。

（6）在宽阔或水流较缓的河段，不易识别流向时，可根据船舶压舵的情况、偏航的程度或前船艉迹线水流的偏摆来估计流向。

3. 流量

（1）流量的概念。单位时间通过河槽某过水断面的水量，称流量，单位以 m^3/h 或 m^3/s 表示。按时段不同可分为瞬时流量、日平均流量、年平均流量等。瞬时流量是指某一时刻的流量，日、月、年平均流量为相应时间内的平均流量。

（2）流量与水位的关系。河流水位的变化主要取决于流量的增减，在同一断面上通过的流量越大，则水位越高；反之则变低。因此，水位的变化是流量大小的反映，即流量的大小决定了水位的高低，流量不仅是一个重要的水文要素，而且直接影响到航道尺度的改变。我国大多数河流一般是冬季流量小、水位低；夏季（汛期）流量大、水位高。山区河流由于洪枯流量相差悬殊，水位变幅大，平原河流则平缓得多。

6.1.4 潮汐

1. 潮汐的术语

（1）大潮和小潮：海洋里的潮汐是由月球引潮力形成的太阴潮和太阳引潮力形成的太阴潮的合成。由于太阳、月球和地球三者的相对位置随之间的不同而变化，因而产生潮汐的大小不等现象。当农历朔（初一）、望（十五或十六），月球的引潮力和太阳的引潮力几乎作用于同一方向，使太阳和月球引起的两个高潮和两个低潮恰好叠加在一起，这时海水涨得最高，落得最低，称“大潮”，又称“朔望潮”。当上弦（初七、八）和下弦（廿二、廿三）时，月球的引潮力和太阳的引潮力正好相反，这时海水涨落最小，称“小潮”。其他日期潮水涨落的程度介于大潮与小潮之间。

（2）半日潮：在一个太阴日内，出现两次高潮和两次低潮。两次高潮和两次低潮的潮高几乎相等，涨潮时间和落潮时间也接近相等。

（3）全日潮：在一个太阴日内，仅出现一次高潮和一次低潮。

（4）混合潮：界于半日潮与全日潮之间，有时接近半日潮类型，有时又具有全日潮特征。

（5）高潮：在潮汐升降的每个周期中，海面上涨到最高的位置。

（6）低潮：在潮汐升降的每个周期中，海面下落到最低的位置。

（7）高潮时：平潮的中间时刻。

（8）低潮时：停潮的中间时刻。

（9）涨潮：海面由低潮上升到高潮的过程。

（10）落潮：海面由高潮下降到低潮的过程。

（11）涨潮历时：低潮时到高潮时的时间间隔。

（12）落潮历时：高潮时到低潮时的时间间隔。

（13）平潮：涨潮到最高时，有一短暂的时间不涨不落。

（14）停潮：落潮到最低时，有一短暂的时间不涨不落。

（15）高高潮：在一个太阴日内发生的两次高潮中较高的高潮。

（16）低高潮：在一个太阴日内发生的两次高潮中较低的高潮。

（17）高低潮：在一个太阴日内发生的两次高潮中较高的低潮。

（18）低低潮：在一个太阴日内发生的两次高潮中较低的低潮。

（19）早潮：从0点到12点之间发生的高潮（或低潮）。

（20）晚潮：从12点到24点之间发生的高潮（或低潮）。

（21）回归潮：当月球赤纬最大时（此时月球在北回归线或南回归线附近）的潮汐称为回归潮。此时日潮不等现象最显著。

（22）潮高基准面：潮高的起算面。

（23）海图深度基准面：海图及海区各种航道图中深度的起算面，通常与潮高基准面一致。这个基准面一般在当地最低低潮面附近。

（24）潮高：在潮汐涨落的连续过程中，潮高基准面至任一时刻的海面垂直距离。

（25）大潮高：从潮高基准面至平均大潮高潮面的高度。

（26）小潮高：从潮高基准面至平均小潮高潮面的高度。

（27）潮差：两相邻高潮与低潮的高度差。

（28）平均高（低）潮间隙：每天月球中天时刻至高（低）潮时的时间间隔。长期的平均值称为平均高（低）潮间隙。

（29）潮龄：由朔望至其后实际大潮发生的时间间隙，潮龄一般为1～3天。

2．河口潮汐

不少江河连通大海，大海中的潮汐所产生的潮流溯江而上，使广大的入海河口段也产生潮汐，这对航行于入海河口段的船舶有直接的影响。例如，潮流的方向和大小直接影响着船舶的航行和作业；低潮位时应考虑到港口和航道的水深是否足够；吃水大的船舶应充分利用高潮位进江（河）等。另外，潮汐变化对渔业、港口建设与航道整治等工程都有十分密切的关系。

（1）河口潮汐的特点

1）越向上游，涨潮历时越短，落潮历时越长，发生高潮的时刻越落后，潮差也越来越小。这是最显著的特点（长江有潮汐影响的港口涨潮开始时间比吴淞推迟时差是：常熟2 h　20 min，南通3 h　30 min，江阴5 h，泰州6 h　30 min，镇江8 h　30 min，南京11 h，芜湖13 h）。

2）潮波向上推进到了一定阶段，潮水停止倒灌，此处称为“潮流界”，潮波继续上溯，当传播到某一地点时，潮波幅度等于零，水位不再受潮汐影响，此处称为“潮区界”。由于自潮区界至河口均受潮汐的影响，因而此段称为“感潮河段”。

3）一般越临近海区，潮差越大。

4）同一条河流，潮流界和潮区界的位置并不是固定不变的。与风的方向和大小、河流水位、潮汐的大小有关（如长江的潮流界，高水位时在江阴附近，低水位时在芜湖附近；潮区界高水位时在芜湖附近，低水位时在铜陵附近）。

5）根据潮流界、潮区界的上行推移，涨潮流与落潮流随河流水位而变化。高水位时，涨潮流减弱，涨潮时间退后，历时也短；落潮流相反。当河流低水位时，又有强风进口风，则涨潮时间提前，流速增大，历时也长。

6）潮流在低潮时的转流，河底比水面先转流，弯曲河段的凸岸比凹岸先转流。

（2）潮汐利用

1）利用潮位

①船舶利用潮汐涨落中的水深变化，选择时机通过浅区。

②当泊位附近水深不能满足靠泊安全时，利用高潮时机靠泊。

③潮位对船锚位的选择、富余水深是否足够有关。

2）利用潮流

①选择航路，上行船可充分利用涨潮流，下行船可充分利用落潮流，提高航速。

②利用水流不涨不落或流速很小的时候，通过不正常水流区域。

③选择时机进行船舶靠离泊和进出港。

④潮流对船锚泊的松锚链长度和进出锚地的方法以及航行中的船位、避让有关。

6.2 气象常识

6.2.1 气象预报常识

1. 预报地区及其范围

气象是人们用来了解天气变化的一门科学。气象的变化直接影响到船舶航行的安全。例如：风、雾、雹、雨都会给航行带来困难，又如灾害性的天气，如台风、暴雨、冰雹、龙卷风，都可能会造成损失。

为了掌握天气变化的情况，获得主动权，除了凭经验外，每天还必须收听气象台的天气预报。

各地气象台、站按统一规定的时间进行观测，把收集到的有关风、云、大气压力、温度、湿度等气象资料编成电码，这些电码在气象通信中心集中后，用无线电传输的方式传递到各气象台。气象台收集到资料后，把电码迅速译成各种天气符号，按照一定格式填在一种专门设置的空白地图上，这种图就是气象图。气象图按照资料的来源分成地面和高空两类。气象工作者在这种图上可以分析出高气压、低气压、锋面等天气系统，还可以分析冷暖空气的强度和雨区的分布，并判断出它的未来发展趋势，从而做出天气预报。

在进行天气预报时，气象台是按照规定的、有一定意义的天气预报用语来说明的，预报的次序是：某地区、各类警报时间、天气状况、降水、风向、风力、温度、天气形势用语。

2. 各类警报

（1）大风警报。气象部门通常在预报平均达到 6 级或 6 级以上时，发布大风警报，但是各地区可以有所不同。例如上海气象台当阵风达到 7 级，才发布大风警报。因此当收听到大风警报时，要注意分清是哪个区域。

（2）台风消息。当其他地区出现台风，估计未来有可能对本地区造成影响时，气象台常常先发布消息，使有关部门和广大人民群众，事先心中有数。如果这个台风以后逐渐靠近，则发布台风警报。如果减弱消失或远离本地区，一般就不再继续发布。

（3）台风警报。台风警报是对这个区域在未来 1 ~ 2 天内将要受到台风或台风边缘的影响作出预警。

（4）台风紧急警报。一般是指这个区域，在未来 24 h 内，将要受到台风比较严重的影响，或者是台风中心在这个地区登陆，或者风大雨大，或者风力特别强。

(5) 降温报告。通常是指将要有较强冷空气南下，温度有比较明显的下降，一般在冷空气影响之前或刚刚开始，温度还没有明显下降之前发布。

(6) 低温报告。通常是表示冷空气比较强，最低气温要降得比较低，在秋季或春季有早霜或晚霜出现，在冬季有冰冻出现。一般在降温已经开始，但最低温度还没有出现前发布。

(7) 高温报告。在盛夏季节使用，其发布标准根据各地区具体情况不同而不同。如上海气象台一般估计将连续数天出现最高温度在35 ℃以上时，才发布高温报告。

3. 时间用语

本书中的气象时间以北京时间为准，见表6—1。

表6—1　　气象时间用语表

用语	时间范围	用语	时间范围
早晨	05～08	傍晚	18～20
白天	08～20	夜间	20～次日08
上午	08～12	上半夜	20～次日03
中午	11～14	半夜	23～次日03
下午	12～18	下半夜	00～05

4. 天气状况

(1) 云的用语。云是大气中的水蒸气遇冷后凝结而成。云的变化往往比较明显地表示出天气的变化。天空状况以云量的多少来区别，一般分以下几种情况。

1) 晴天：天空中无云或云量仅占整个天空的二成，此时阳光充足，有时天空中出现很高很薄的云，但对阳光很少影响，在按云量划定状况时，可当作没有云处理。

2) 少云：云量占整个天空的三成到五成，此时阳光也很好。

3) 多云：云量占整个天空的六成到八成，此时阳光不足。

4) 阴天：云量占整个天空的九成以上或布满天空，此时已不见太阳或只有偶尔可见短促的阳光。

(2) 降水量用语

1) “一线”：如雨区的北缘在上海、杭州、南昌等一线，表示这三个地方连成一线，就是雨区北部边缘的位置。

2）“偶有小雨”或“有零星小雨”：预报时间内大部分时间不下雨，或下雨时间短，雨量又小，一般影响不大。

3）“局部地区有雨”：估计要下雨，但不能确定下在具体哪个地区。

5．风向

（1）风：空气的水平流动。

（2）风向：风的来向。气象广播中按北、东北、东、东南、南、西南、西、西北等8个方向发布，但在单独用到东、南、西、北四个方位时，一般均加上一个“偏”字，这是因为风向总是左右摆动的，如偏南风就是吹南风，它可以是南略偏东，也可以南略偏西，但一般还没有达到东南或西南的程度，否则就应用“南到东南风”或“南到西南风”。

6．风力

风力是用风速和风力等级来表示的。

风速：空气流动速度的快慢就是风速的大小，气象上常用 m/s 和 km/h 为单位来表示。

风力等级：为了使用方便，一般将风速分为 0～17 等级，就是平时所说的“几级风”，风力等级采用蒲福风力等级。

相关链接

风　　速

由于空气流动是不稳定的，因此，即使在一个比较短的时间里，风速也是时大时小的。通常的风速是指 2 min 内的平均风速，代表这 2 min 的平均情况。

7．温度

温度有时也称气温。一般采用摄氏温度表，气象台通常预报的大气温度，是指离开地面 1.5 m 高度上自由流通的大气的温度。通常把温度表放在通风的百叶箱内，设在比较空旷的场地上，这样测得的温度，能避免太阳直接照射或雨水淋湿的影响，反映出大气的真实情况。

最高温度：某一段时间的最高温度是指这一段时间中，气温达到的最高数值。通常气象台广播的最高温度是指一天中最高的气温。在正常情况下，这个最高气温出现在13—14时前后。在反常情况下，也可以出现在早晨。如某日早晨开始受到强寒潮的影响后，气温一直下降，所以这一天早晨的气温最高。

最低温度：某一段时间中气温的最低数值。通常气象台广播的最低温度是指一天中的最低气温。在正常情况下，最低温度出现在早晨4—6时，反常时，可出现在上半夜或其他时间里。

8. 台风

台风是产生于热带海洋上的大风暴，也属于热性的低气压的一种，但其强度比低气压强得多，破坏力也要厉害得多，在受风边缘影响就可能出现大风，一旦受台风侵袭，就会有猛烈的大风，并常伴有暴雨，因此是一种重大灾害性天气系统。

台风是由一大气团做逆时针方向旋转的暖湿空气所构成的大旋涡，直径为200～1 000 km。台风一年四季都会产生，但影响我国的台风，主要在5—10月，尤其以7—9月最多，故有“台风季节”之称。影响我国沿海的台风，大多来自我国台湾东南方的菲律宾以东的狭长洋面上，少数产生于南海。台风处于低纬度时，常见向偏西到西北方向移动，随着纬度的增高，台风移动的偏北倾向一般就会增大。

9. 寒潮

北方南下的强大冷空气称为寒潮。这些冷空气生成于北极、西伯利亚和蒙古高原一带。当冷空气加强到一定程度以后，在适当的条件下，就会南下。长江下游地区在寒潮南下之前，一般有一个相对回暖的过程。寒潮南下之后，通常有很强的偏北大风和剧烈的降温，在24 h内，气温可以下降10 ℃以上，最低气温在5 ℃以下，还会有很重的霜或冰冻。如果寒潮南下之前暖空气很活跃，那么还可能引起下雨或下雪。

10. 雾

雾是指飘浮在空中、视力不能分辨的小水滴。

在炎热的天气中，如果那一块冰块放入杯内，经过一段时间后，可以发现杯上凝结了许多小水滴。雾的成因也是这个道理。因为空气中容纳水汽是有一定限度的，这个最大限度叫水汽饱和。温度越高，容纳的水汽就越多，如果空气中所含的水汽多于一定温度条件下的水汽饱和量时，多余的水汽就要凝结成小水滴，这些靠近地面空气层中的无数小水滴，就是雾。雾又可分为辐射雾、平流雾。

（1）辐射雾。由于白天温度一般比较高，空气中容纳较多的水汽，到了夜间，地面散热很快，接近地面的温度急剧下降，这样就使近地面空气层的水汽饱和量减少，促使多余部分的水汽凝结成无数的小水滴。辐射雾通常产生在高气压中心附近，出现在晴朗风小天气的后半夜到早晨，特别是夜长的冬季。待日出后，空气温度增高，辐射雾也就消散了。

（2）平流雾。平流雾产生在大规模暖湿空气流到较冷海面上，这样底层空气温度下降，当空气中的水汽超过此温度水汽饱和状态时，多余水汽就凝结成无数小水滴。由于平流雾的成因与辐射雾有不同之处，具有范围大、时间长、厚度大、春夏多的特点，平流雾的消散要待空气性质的改变即冷空气的加入，风向转西北、风力加大、雾滴增大，或者是海水温度的升高。雾的等级划分见表6—2。

表6—2　雾的等级表

等级	现象	能见度距离
0	浓雾	50 m以内
1	厚雾、雹暴	50～200 m
2	大雾、大雹	200～500 m
3	雾、中雹	500～1 000 m
4	轻雾、暴雨	1 000～2 000 m
5	轻雾、小雹、大雨	2 000～4 000 m

11．雷暴与飑、龙卷风

（1）飑——由雷暴产生的大风。

飑线——指炎热的季节里，有时大气出现一种十分狭窄、伴有强风的对流性天气带，其长度可达100～200 km，宽0.5～6 km。

积雨云猛烈发展，产生了放电打雷现象，一般伴有阵雨的天气现象称雷暴。可分为热雷暴和锋面雷暴两种。

（2）龙卷风。龙卷风是指一个猛烈的旋转的空气柱，从积雨云和浓积云中下垂，触及地面或水面而形成。触及地面为陆卷风，触及水面为水龙卷。陆龙卷破坏性比水龙卷大。

6.2.2　恶劣天气的防范措施

1．遇大风浪时的防范措施

（1）封闭舱口，关闭水密门窗，固定或拆除天蓬，固定可能滑动或倒塌的货物、设备、用具等。

（2）拖带时，在航道许可的情况下，尽可能放长拖缆，必要时用保险缆。改双绑为单绑，采取单排一列式队形。

（3）靠上风岸或顶浪航行，以船艏对浪并以“Z”字航行，切忌横浪航行。

（4）船艏偏荡厉害时，在水深条件许可下，可放一些锚链减少船艏的偏荡。

（5）如遇掉头时应掌握好船速、时间、舵角等。

2. 船舶防台措施

（1）台风季节来临前

1）按上级领导部门要求做好防台物资准备工作，对船员进行防台风知识教育。

2）对设备进行全面检查和维修（特别是锚设备、系缆设备、水密设备和排水设备）。

（2）台风来临时

1）按时收听气象预报，掌握和分析台风动态。

2）通知船员回船，一起抗台风。

3）绑扎好船上一切可移动物体。

4）按有关部门要求至指定地点锚泊。

3. 冬季寒潮来临前措施

（1）备妥各种防冻、防滑材料。

（2）露天存放器具要做好包扎防冻。

（3）靠岸使用跳板时应放置防滑用具，装好扶手绳或安全网。

6.3 引航基本要领

6.3.1 航路的选择

1. 顺流航路的选择

基本原则是以主流为依据，将航路选择在主流范围内或航道中间行驶，俗称“找主流，跟主流”，目的是充分利用流速，提高航速，体现经济、安全的原则。所以，在航道条件许可的情况下，如顺直河段，顺流航路尽可能选择在定向距离长的主流位置上，少作折线航行，减少用舵次数，避免航迹线扭摆而增大船舶阻力，但对主流中的礁浅等碍航处，航路应作阶段性的调整，绕避碍航物。对航道狭窄或弯曲系数较大的河段应选择高流势，即挂高航行。这样才能保证在利用主流的同时，又能保证船舶航行的安全。

2. 逆流航路的选择

基本原则是沿缓或航道一侧行驶，俗称“找主流，丢主流”。目的是避开主流，提高航速，而在主流两侧均有缓流区可供利用，需要选择哪一侧缓流区就应综合比较，优化选择。一是比较缓流区的水深、范围、流速、流态差异；二是比较上、下缓流区之间是否衔接，以尽量减少过河航行。在航道狭窄或弯曲系数较大的河段应以水势高的一侧为要求选择缓流区。总之，选择缓流仍然要遵循安全、经济的原则。

3. 顺、逆流航路选择的注意事项

不同类型、大小、吃水的船舶在顺流航路上没有明显区别，而在逆流航路上则表现了很大的差异。吃水越小的船舶，环流利用度越大，由此决定了小型船舶在逆流航路选择上的自由度也随之增大；反之，吃水越大的船舶，在逆流航路上的自由度相对减小。所以，大型船舶在航路选择上所受到的限制，包括航道尺度、操作性能、避让等因素的影响和限制，决定了其航路选择需要尽可能控制得精准些。

另外，顺、逆流航行要保证在既定的最佳航路上，还要充分估计风、浪、流等航道情况和周围环境的影响，尤其是主要横风横流推压作用、碍航物分布和他船动态等因素的影响。所以，顺、逆流航行，对横向不利因素的作用，要随时消除流压差和风压差，偏离正常航路是非常危险的。例如山区河流，由于航道弯曲、狭窄，横流强，无论顺、逆流航行，船位都应置于主流横向分速的上侧，即高流势的一侧航行。不仅如此，顺、逆流航行还应处理好在自身预定航路上与横越船、掉头船、靠（离）泊船、渔船等他船的会让。总之，保证预定航路，克服横向干扰。

4. 转向点与吊向点的选择

为了满足船舶选择航路、确定船位的需要，船舶在航行中，用以取向、观向或衡量船舶当时当地所处位置的固定物标称为“点”。这些“点”常指内河引航中的航行参照物，根据不同的用法，可作为引航中的转向点和吊向点，供船舶航行抓点、吊向所用。

(1) 转向点。在内河水道中，由于航道走向的变化，船舶通常是分段定向航行的，从整体上看，航线呈折线。转向点就是船舶利用周围固定物标改变航向的转折点。转向点常用一些具有显著特征的物标或流态作参照物，如岸嘴、山角、航标等。在水流条件较复杂的河段，也可用各种流态为参照目标，如夹堰水、横流、泡水等，利用水力支点使船体能圆滑地转向，驶达预定的航路上。从解释上看，转向点虽与转向参照物点有一定联系，但两者并不等同。

转向点选择正确与否，对船舶能否“落位”关系较大。在正常航线上航行的船舶提前或滞后转向，均会使船舶不落位，有时甚至会导致困难局面，危及船舶安全。故选用转向点，应考虑航道、水流、船舶（队）大小以及操纵性能等因素，以确定转向的时机、横距、角度、速率等，从而保证船舶的航迹线在预定的航线上。当发现船舶不落位时，应通过调整转向时机及时纠正。

（2）吊向点。船舶保持定向航行时，船艏前方的显著物标，称吊向点。船艏对准或挂某物标航行，称吊向。

操舵人员通常利用吊向点作为稳向航行的可靠依据之一，检验船舶是否偏离航线。配有罗经的船舶，也可用罗经来校核航向。

所选用吊向点，应是容易辨认物标，轮廓清楚，色泽鲜明，如山头、岸嘴、树木、烟囱、航标等，也可选用流态作吊向点。如果所选用的吊向点在夜航也能发挥作用，就更为理想。如果船艏对准的正前方缺乏明显的物标时，也可选用附近明显的物标，但须说明将该物标偏置左（右）舷多少度。平时常说：“将某物标放在船艏左（右）舷多少度”，也是指船艏的吊向点位置。

5. 点向结合的运用

点向结合是指船舶航行时船位与航向相结合，转向点与吊向点相结合，以满足船位和航路的正确需要。转向与吊向的引航操作术语较多。例如，转向术语常有“驾驶台（过）某物标时转向”“船艏达某物标时转向”“开门转向（船舶在刚驶抵能看清前面转弯航道的具体情况即称开门，此时转向称开门转向）”等。一旦转向到适当位置时，需稳舵吊（定）向航行，在术语中也常有“吊向”“置某物标于左（右）舷多少度”等。因点向结合的需要，故转向与吊向引航术语常结合在一起运用。

6.3.2 特殊情况下的引航

1. 能见度不良时的引航

（1）驾驶人员对能见度不良要保持高度警惕，时刻做好雾航安全各项准备工作，要及时收听气象预报，掌握各航段雾季的分布、特点、征兆及变化规律，随时注意雾情变化。对各种突发性的视线不良，给船舶造成航行困难时，一定要有应急措施。

（2）按章鸣笛，并报请船长，同时通知机舱备车，任何情况下都要使用安全航速。

1）正确认识安全航速，掌握避让行动的主动权，采取安全航速一是为了既有充分的时间去估计当时的局面，又有足够的余地采取适当而有效的避让行动。二是在紧迫局面情况下或必要时能够在适合当时环境和情况的距离以内把船停住。采用安全航速时，一定要客观考虑当时能见度不良的程度、通航密度、航道障碍物、港口管理设施的能力、本船助航仪器使用的局限性。

2）在穿越港区、锚泊区等船舶密集区，一定要减至安全航速，直至淌航或把船停止。

3）雾航时常施放雾号，要掌握笛的传播特性。雾号所能达到的距离和方向是很复杂的，从岸发出的警报声音在某一方向很容易听到，而在另一方向则完全听不到的情况是常有的。因此，根据能否听见或听得是否清楚是不能立刻判定距离岸的远近的。雾本身不能削减声音的传播，有雾时气温直减率小，雾中又无强风，反而能传得更远些。可是，雾内的大气与雾外侧大气因介质不同，声音会在雾的界面上发生折射和反射。这时，在雾内的船舶虽然能听到声音，但紧靠雾外侧的船就不容易听到了。在雾内，因为气温和湿度局地分布不规则，声音会发生散射和反射，使声信号出现异常传播，所以仅根据所听到的声音大小和方向很难确定音源所在。

（3）利用一切有效手段保持正规瞭望，及时判断碰撞危险，要做到知己知彼，对新的碰撞态势，能及时作出预测和识别。

1）瞭望时一定要保持在能获得瞭望效果的最佳位置。

2）坚持利用一切可利用的手段全方位、不间断瞭望。不但用视觉、听觉、望远镜、VHF 等获取周围船舶碰撞危险信息，还要用一切可定位手段抓岸形，航标和显著物标为点，运用罗经稳住航向，摆正船位，勤测勤算。

3）正确使用各种助航仪器，并要了解各种仪器的局限性、使用特点。使用 VHF 联系时一定要早，避免耽误避让时机；可保持与港口 VTS 的联系，以得到 VTS 的及时支持。

4）要及早发现来船和获取一切有碍航行的信息，以便及早判断碰撞危险，及早避让、争取主动，避免形成紧迫局面或紧迫危险的被动局面。除此之外，还应对可能影响本船采取避让措施的周围其他船舶动态了如指掌，以及本船采取避让行动以后是否与他船形成另一紧迫局面。应密切注意并观察他船在采取避让行动时可能遇到的困难，对该船可能采取不协调行动保持应有的戒备。

（4）采取避让行动，要早、大、宽、清，避免形成急迫局面。避免时坚持早、大、宽、清的原则，“早”指及早地发现目标、判断危险和及早地采取避免碰撞行动；“大”指大幅度的，采取的行动应是大幅度的，包括转向和减速；“宽”指宽裕的，交会时两船间的距离应是宽裕的；“清”指让清，在安全距离上驶过让清。

在环境条件不允许的情况下，一定要做到：不论当时船舶的态势如何，要尽可能地做到及早发现来船，为观察和分析局面、采取避让行动留有充分的时间和余地。牢记双方都有采取避让行动的责任，不可盲目等待观望，贻误避让良机。对来船在特殊情况下可能采取“背离”规则的行动，一定要有应急预案。为避免急迫局面或紧迫危险局面，采取的避让行动一定保持留有回旋的余地，并认真核查避让行动的效果，不要造成与另一船发生紧迫局面。采取避让行动后，如发现对方采取不协调行动，距离越来越近，而形成紧迫局面，唯一的办法是立即停车，把船停住，并继续观测对方动向，鸣放相应的声号。

发现雾级有向浓雾转化趋势，及早做好锚泊扎雾准备工作。山区河流下行船舶更应准确地掌握船位、航道特征及浓雾区，不能错失掉头的时机和锚地，及时选择锚地扎雾。

2. 夜航

(1) 夜航的特点

1) 视觉能力减弱。人眼对物体不同亮度之间的区别能力，夜间要大大低于白天。在夜间观察细浅、小黑点或两个物体间的狭窄间隙的能力也要比白天低得多。在白天当视角小至0.5°~1.0°时还能看清，而夜间最小视角则达10°~30°。

一艘正常人白天平视角在200°，而在夜间不到100°。人在夜间的变色力也很差，目标看起来呈灰色，只有亮度不同而已。

2) 气温变化造成视角偏差。夜间气温变化较大。在水面上会产生不同的湿度层，水面湿度和驾驶台湿度不一致，空气的密度也不一样，由于光的折射就引起视距偏差。

3) 灯光照射产生的偏差

①习惯上以灯光明亮判断远近，这容易产生错觉。灯光的能见距离不仅与它的亮度有关，而且与灯高也是成正比的。内河岸标的设置受地理条件的制约而高低不一，平原河网地带一连看到数座灯标，高低相同，完全依靠亮度确定远近，容易发生切滩的事故。

②对灯色易于混淆。光有7种颜色，在大气中有的被吸收，有的被折射。远望时有色灯光可能误认为白色，有时则把白灯看成红色。绿光与红光相比，绿光显得昏暗，因此远望时经常把绿光误认为红光。

③光圈。在强的灯光照射下，首先发现光芒，然后才能看到实光。如果两盏灯的发光亮度大，由于参光作用，两盏灯交织在一起，发现目标就只是光圈。

沿江城镇光力都很强，十分耀眼，往往看不到实光，极不容易发现导航目标。

(2) 夜航引航要点及注意事项

1）夜航交接班注意事项。根据实际情况看，在交接班时间里，常常会发生事故。从心理情况分析，在这段时间里，交班者因急着想下班，而注意力分散，对本船的船位、航道情况就不太注意。突遇情况后就手忙脚乱，处理不当而发生事故。对接班者来说，刚好是上班不久，注意力还未完全集中，或是刚从睡梦中醒来，头脑不太清醒，对环境还需一个适应过程，加之上班不久，对船舶位置及周围情况了解不够，所以常常会造成对航标一时认识不清，走离航道而搁浅，或操纵不当而发生碰撞。

①驾驶人员接班前，应重温本班夜间所航经河段的航道情况，熟知地形、地物、岸嘴、礁石等碍航物。同时还应根据水位的变化，熟悉航段内的主流、缓流及不正常水流的分布情况，以便选择航路。

②驾驶人员应熟记航向和航段标志的配布，能熟知物标的位置及特征，并能合理地利用，作为夜航叫舵、转向、校核船位、航向的重要依据。

③值班人员在进驾驶台接班前，应于黑暗处闭眼停留片刻，使眼镜适应在黑暗中视物。待交班人交清航道等情况，摆正船位，稳定航向后再接班。禁止交接不清、盲目接班或在避让时交接班。

驾驶台内应避免其他灯光射入而影响值班人员视觉。如需要灯光时，应遮蔽灯光不使其外露，或采用不耀眼的弱光或红色灯光。

2）夜航中应掌握的要点

①要充分利用望远镜、VHF 等助航设备加强瞭望，在山区河流或狭窄河道，在不妨碍他船航行时，可利用探照灯助航。

②随时准确测定船位，掌握好夜航转向点和吊向点，使船舶始终保持在计划航线上或处于“落位”状态。

③通过凸出的岸嘴、石梁、礁石、急流滩或险槽时，要准确掌握地势、滩情水势，正确使用车舵，安全措施稳妥。夜间绞滩，要分工明确，措施落实。遇陡涨水或本船系重载的上行船队，在航经未设绞滩站的险滩时，要充分考虑本船的过滩能力，以避免船舶吊滩、退滩或失控造成重大事故。

④宽阔河段的物标，灯标稀少；支叉河口处，灯光混杂；洪水期的漫坪地段，灯标远近相互交错，辨认不清。要熟记每个航标的名称、灯质，两标间距和本船所需的航行时间及相对方位，以确定船位、航向和航道走向，避免失误。

⑤在漆黑的夜晚，近岸航行时，要及时抓住显著物标校正船位，船艏线略与岸线保持平行，并根据地形特征，及时转舵扬头，岸距应大于日间航行岸距。

⑥在弯曲、狭窄。横流强的河段，切记会让船舶，应选择在航道较宽，水流情况

较好的地点会船。避让他船时应及早鸣笛，显示避让方向的闪光灯，统一会让意图，以便会让船舶双方安全互让，对实行分道航行的河段，严格按规定要求选择会让方向。

当前方航道情况不清，他船动态不明时，应及早停车等候，待弄清情况后，方能续航。艉随船舶应与前船保持较大距离，以防前船动态急变而措手不及，造成紧张的局面或发生碰撞事故。

第7章

环境卫生船舶作业

7.1　水域环境卫生作业

7.2　水域保洁作业

7.3　清污作业

7.4　城市生活垃圾水上运输与装卸作业

7.1　水域环境卫生作业

7.1.1　水域环境卫生作业对象

1. 船舶垃圾

根据水域环境卫生作业方式不同，将船舶垃圾分为船舶生活垃圾和扫舱垃圾两大类。船舶生活垃圾指船员、旅客及码头上各类人员在生活中所产生的废弃物，主要有各类食品、日常用品、工作用品的废弃物，例如纸屑、瓜果皮、厨房垃圾、煤渣、酒瓶、塑料饭盒、包装袋等。按有关法规规定，船方应当做好船舶垃圾的日常收集、分类和储藏工作，并委托污染物接收处理单位处理。此外，船舶在航行或停泊码头保养过程产生的废弃物，例如油回丝、废金属、废木料等生产性垃圾，一般也随同船舶生活垃圾一起收集处理。扫舱垃圾是指在船舶运输和码头装卸过程所产生的垫舱木料、包装材料、散落货物等废弃物。扫舱垃圾收集、处置按有关法规规定，船方应向当地水域环境卫生管理部门申报，以落实接收处理作业单位，实行有偿清除。

船舶垃圾是造成水域环境污染的重要因素之一。漂浮水面的船舶生活垃圾不仅有碍市容景观、影响水域环境，而且破坏水域沿岸环境，甚至影响捕鱼、养殖水产业等。同时，沉于水底的垃圾堆积量增多，会改变水体水质，改变水体中动植物天然营养条件，并会造成水底污染。

2. 船舶生活污水

船舶生活污水指含有粪便和船员生活用水排出的污水。

船舶排放未经处理的生活污水，将会造成的污染危害为：废弃物的有机物质的生物分解作用，使水中溶解氧含量枯竭，缺氧会造成鱼类和大多数水生生物窒息，有时还会产生恶臭。悬浮固体沉降后造成污染堆积，影响底栖生物的生长，而且由于分解时大量耗氧，引起难闻的气味和环境景观的破坏。生活污水尤其是粪便污水和医疗污水含有大量的细菌，这些细菌许多是致命细菌和各类病菌，能传染各类疾病，这些致病细菌与病毒都能在水中存活很久，其危害更为严重。

按照有关法规规定，船舶应当设置与生活污水产生量相适应的处理装置或者储存容器，到达港口后由水域环境卫生作业单位予以收集处置。

3．船舶油污染

船舶对水域带来的油污染主要有操作性排放和事故性排放两种。

（1）操作性排放主要有以下几种：

1）含油压载水。油船在空载航行时，一般需要在空舱内灌一部分压载水，以保证必要的适航性。一般压载水含有少量油，压载水上层也有浮油，到港后，若将压载水直接排出水域就造成了污染

2）清洗油舱或燃油舱的含油污水。若油舱或燃油舱要装载另一种品种油或进行修理时，就需对其进行清洗，舱内残油一般为载油量3%～5%，这些洗舱水就成了油污水。

3）船舶机舱舱底水。随着船舶营运，燃油系统和滑油系统在修理机器更换润滑油、清洗过滤时都有漏油和跑油现象。这些漏油与水系统泄漏的冷却水混合至舱底成油水混合物，由于数量较多，需定期从舱底清除。

4）从燃油和滑油分滤出来的排放废油。

（2）事故性排放大都由事故引起，包括搁浅、碰撞、爆炸及火灾等各种海损事故，港口油轮装货、装卸和驳油期间的事故溢油。

4．水域沿岸工业废弃物

水域沿岸工业废弃物指水域沿岸单位在生产过程中产生的各类废弃物，这里主要是工业废水和其他固体废弃物。工业废水包括工业生产过程中排放的废水、污水、废液等，其成分复杂、量大面广，含有毒成分高，未经处理排放到江河湖海，造成水域环境严重污染。其他固体废弃物，指工业生产过程中产生的废渣以及生产与生活废弃物。在工业废渣中含有毒有害成分，应按特种垃圾的收集、运输、处置的专门方式，单独进行。

未经处理的工业废水或其他固体废弃物直接排放水域的危害，往往是各种污染物

的综合结果，其中有机物质对水体的影响主要是耗氧，而有毒的主要危害是对生物和人类的毒性。

7.1.2 水域环境卫生作业质量标准

1. 水域船舶类污水收集质量标准

(1) 行驶、停泊在市区水域内各类船舶，应按规定设置足够容量的收集类污水的容器，不得将粪污排入水域。

(2) 市区水域船舶粪污水应及时收集，统一处理。

(3) 收集粪污水的容器和船舶应密闭，无渗漏，船容整洁。

2. 船舶废弃物清除、收集质量要求

(1) 作业人员应将清除、收集作业后船舶上的废弃物容器放回原处，并将周围清扫干净。

(2) 作业人员应将散落在水域环境卫生作业船上的废弃物扫入或铲入货舱内，返航途中铺好盖舱布。收集的废弃物应到指定点倾卸。

(3) 作业人员抽吸污水完毕后，污水管口应向上，防止污水外溢。卸污水时应系牢艏艉缆绳，污水不得漏入水域。

3. 清除、打捞水面漂浮废弃物质量要求

(1) 景观水域。水面应无明显漂浮垃圾。在可视范围内，若有漂浮垃圾，应在0.5 h内清除。

(2) 重点水域。水面应无聚集漂浮垃圾。在可视范围内，若有单个面积在0.5 m^2以上的聚集漂浮垃圾，应在1 h 内清除。

(3) 一般水域。水面应基本保持清洁，在可视范围内若有0.5 m^2 以上的聚集漂浮垃圾，应在1.5 h 内清除。

4. 船舶运输生活垃圾质量标准

(1) 船容应整洁，垃圾舱外无散落垃圾及其他污染物，无蝇蛆。生活舱与垃圾舱之间应有隔离装置。

(2) 装运生活垃圾应密闭，垃圾不裸露，不散落。

(3) 蚊蝇季节，垃圾舱应定时喷洒灭蚊蝇药物。

5. 船舶运输生活垃圾质量要求

(1) 垃圾装载量应达到满载水线。船舱甲板上装货允许标高0.8 m，但不得超过驾驶室视窗下沿。

（2）机械卸点卸载的残留物不应超过装载量的2%，人工卸点卸载的残留物，不得超过装载量的1%。

（3）夏令季节和连续暴雨后，应抽吸舱中污水。

7.1.3 水域环境卫生作业方式

1. 水域保洁作业组合

水域保洁作业是水域环境卫生作业的主体作业，有船舶废弃物收集、水面漂浮垃圾清扫和打捞三种形式，详见表7—1。

表7—1 水域保洁作业组合表

组合名称	作业对象	作业设备	作业方式
船舶废弃物收集	各类船舶、码头和沿岸单位产生的生活垃圾	水域环境卫生作业船、垃圾容器、吊卸机械	操作工登轮（岸），使用吊卸机械或人工收集生活垃圾
	各类船舶、码头产生的生活污水	水域环境卫生作业船、快速接头污水管、污水泵	操作工登轮，使用快速接头污水管、污水泵抽吸生活污水
	货轮码头装卸扫舱物料、货物垃圾	扫舱作业船、吊卸机械	操作工进入货舱，使用吊卸机械收集或搬运扫舱垃圾
水面漂浮物垃圾清扫作业	沿海海面、江面或较宽河道水面漂浮垃圾	水面清扫船、垃圾吊运船、垃圾收集箱等收集装置、喷水造流设施等	借助船速与水流的涡流，用垃圾收集箱自动收集漂浮垃圾
	河道水面漂浮垃圾	小型清扫船、机动聚集筏、垃圾收集箱、垃圾网络、水泵等	作业航行时，漂浮垃圾随流进入收集箱或聚集箱，开启水泵造流，辅助以人力打捞弯道死角处漂浮垃圾
水面漂浮垃圾打捞作业	城市景观水域或需水面保洁河段中的漂浮垃圾	水域环境卫生作业船、垃圾吊运船、垃圾网络、捞斗等	作业船巡回航行作业水域，发现漂浮垃圾，由操作工用机械或人工打捞
	江河水流较缓河段，弯道等易聚集漂浮垃圾水面	双体浮筏、聚集筏、围栏、捞斗等	双体浮筏人工定点打捞，聚集筏或围栏组合随流拦截漂浮垃圾

2. 水面溢油清污作业组合

水面溢油清污作业有溢油事故应急现场清污、岸线清污、油轮装卸或驳油防污作业等三种作业组合，详见表7—2。

表7—2　　水面溢油清污作业组合表

组合名称	作业对象	作业设备	作业方法
现场清污作业	事故溢油油污	综合浮油回收作业船、收油机械、围油栏、吸油材料、消油剂等	作业船布设围油栏围住溢油，使用吸油机械、吸油材料、消油剂清除油污
岸线清污作业	岸线油污染物：浮油、油污染砂石及油迹	收油车辆、泵、真空罐车、吸油材料等	污染岸线现场用人工或机械回收浮油，收集油污染砂石，用分散剂清洗污染物
油轮装卸或驳油防污染作业	油轮装卸货驳油时产生的溢油	水域环境卫生作业船、围油栏、吸油机械、吸油材料、消油剂等	装卸作业现场布设用围油栏，用人工或机械收集溢油

3. 水上运输装卸作业

水上运输装卸作业包括一部分城市垃圾，由垃圾转运码头经水路运送到垃圾处置的装卸运输作业，详见表7—3。

表7—3　　城市生活垃圾（粪便）水上运输作业组合

组合名称	作业对象	作业设备	作业方法
水上运输散装作业	城市生活垃圾（粪便）	拖轮、废弃物货驳、废弃物机动货驳、垃圾装卸设备	由拖轮与若干货驳组成船队或由机动货驳把城市生活垃圾装运送到垃圾处置场地
水上运输集装箱作业	城市生活垃圾	集装箱运输船、垃圾集装箱、集装箱装卸机械	由集装箱运输船将城市生活垃圾运送到垃圾处置场地

7.2 水域保洁作业

7.2.1 水面漂浮垃圾巡回打捞作业

1. 聚集筏与双体浮筏

聚集筏是水域环境卫生操作工人和技术人员自行研制的一种非机动、自动收集水面漂浮垃圾的工具，适用于弯道较多的潮汐性水域。

（1）航区及用途。主要分布在河道弯角、水流较缓、漂浮垃圾容易积聚的水域。

（2）聚集筏相关技术数据见表7—4。

表7—4　聚集筏、双体浮筏技术数据

项目	聚集筏	双体浮筏
总长（m）	9	6
型深（m）	1	4
型宽（m）	6	0.9
垃圾舱容重（t）	—	3

2. 垃圾吊运船

（1）航区与用途。主要用于吊驳、收集、转运小型环卫作业船舶的水面漂浮垃圾。设计为B级航区。

（2）吊运船相关技术数据见表7—5。

表7—5　吊运船技术数据

项目	100 m^3 吊运船	60 m^3 吊运船
总长（m）	25.85	20.90
型宽（m）	6.5	6.00
型深（m）	2.3	1.5
设计吃水（m）	1.38	1.10
垃圾舱容积（m^3）	100	60
主机型号	110	88
排水量（t）	154.5	—

3. 10 t和30 t环卫作业船

（1）航区与用途。10 t和30 t环卫作业船属于传统船舶收集和水面漂浮垃圾打捞的机具，现主要用于水域漂浮垃圾较多对景观要求不高的水域。10 t环卫作业船作业于一般河道水域，打捞河道两边漂浮垃圾和设置的聚集筏中收集到的水面漂浮垃圾，同时也兼收沿岸码头及船舶上的生活垃圾。30 t环卫作业船主要打捞江岸河道两边和聚集筏中收集到的漂浮垃圾，同时也兼收沿江码头及船舶上的生活垃圾。

（2）相关技术数据见表7—6。

表7—6 环卫作业船技术数据

项目	10 t 环卫作业船	30 t 环卫作业船
总长（m）	12.9	17.2
型宽（m）	3.2	4.5
型深（m）	1.45	1.85
设计吃水（m）	1.1	1.3
主机型号	2135Ca	6135Ca
功率（kW）	29.4	88.3

7.2.2 船舶码头及沿岸单位废弃物收集作业

1．航区与用途

100 t 和 200 t 环卫作业船作业于如黄浦江及长江口等较宽阔的水面，主要用于收集沿岸及港口内船舶垃圾、污水，应急时能收集水面上的油污水。

2．作业船技术数据

设计为 A 级航区，技术数据见表7—7。

表7—7 100 t 和 200 t 环卫作业船技术数据

项目	100 t 环卫作业船	200 t 环卫作业船
总长（m）	26	34
型宽（m）	6.0	7.4
型深（m）	2.2	2.9
设计吃水（m）	1.7	2.3
主机型号	6135ACa	6135ACa
功率（kW）	110	96×2

3．工作原理

100 t 和 200 t 环卫作业船上设有垃圾舱和污水舱。当收集沿岸码头及港口内船舶上的垃圾时，运用船上所配备的吊运装置，一人操纵吊车，一人在垃圾放置处，两人配合作业将垃圾吊运至船上垃圾舱内。当收集沿岸码头及港口内船舶上的生活污水时，运用船上所配置的抽污水装置，将污水抽至船的污水舱内。当收集散在水面的油污水时，首先用围栏将散在水面的油污水围起来，然后，一种办法是将消油剂通过消防水枪喷射至有油污的水面，从而将油污水清除；另一种办法是将船上所带的吸油棉抛至有油污水水面，油吸净后再将吸油棉打捞至船上垃圾舱内作处理。

4．作业工具

（1）吊车装置。该作业船采用吊车为液压控制双节臂结构。吊臂水平跨距最大值为7 m，其起吊不得超过1 t。作业人员在进行垃圾收集作业时，必须注意这一点。100 t和200 t环卫作业船吊车装置型号选用可按照作业要求及作业船型宽、起重量要求等决定。

（2）抽污水装置。抽污水装置指污水泵和污水接管。污水泵一般采用螺杆泵或齿轮泵。污水接管的接头是符合国家船舶检验部门定型的行业标准的“快速接头”，以保证污水管接头与船舶生活污水舱的接口相匹配。泵的吸入口接污水管并通过“快速接头”与被抽船舶粪污水舱相接。泵的排出口接污水管至本船的污水舱。抽吸污水时，污水管应保持畅通，避免堵塞。

（3）围栏、消油剂、吸油棉等器具。

5．作业规程

（1）开航前，船员、联络员、操作工等按各自岗位职责做好开航前的检查和准备工作，在值班驾驶或船长的指挥下，解掉缆绳，驶往作业水域。

（2）作业船缓慢停靠到对方船舶后，系好艏缆，联络员与操作工方可登轮，并按规范进行业务联系，办理相关手续。外籍船舶作业必须事先经主管部门准许。

（3）操作工在作业船吊车装置配合利用对方装卸设施将对方船舶垃圾倾卸至作业船垃圾舱内。操作工将倒空的容器放回原处后，应将周围甲板打扫干净。

（4）对作业时散落在作业船甲板上的垃圾，要扫清并铲到垃圾舱内。甲板用水冲洗干净，返航途中要盖好舱布。

（5）收集到的垃圾到指定地点倾卸或由吊运船将垃圾转运，做到日产日清。

（6）倾卸垃圾吊运时，船舷之间要有防散落的措施，避免将垃圾散落到江河，造成二次污染。

（7）每年4—11月应进行除害灭蝇。

7.2.3 水面清扫作业

1．航区及用途

清扫作业船清扫主要河道或景观河道的水面漂浮垃圾。清扫作业船有两种类型，一种是大型水面清扫船，适用于江面较宽水域；另一种是小型水面清扫船，适用于一般河道。

2. 相关技术数据（见表7—8）

表7—8　　水面清扫船技术数据

项目	大型水面清扫船	小型水面清扫船
总长（m）	25.85	14.4
型宽（m）	6.5	5
型深（m）	2.3	1.4
设计吃水（m）	1.38	1.0
垃圾舱容积（m^3）	10	—
主机型号	6135Ca	X6105CZ
电站总容量（kW）	24	4.5
主机功率（kW）	110×2	58.8

3. 工作原理

水面清扫作业船的工作原理是“自流提升”。首先，水面清扫船的双体船形是为这种工作原理实施设计的，在船的前端，两个片体中间空档处设置了可升降的“垃圾收集箱”（升降由液压油缸控制），船在航行时将垃圾收集箱降至水面以下，依靠潮流及船航行时产生的水流，将水面的漂浮垃圾收集到垃圾收集箱中，作业完毕后，将垃圾收集箱提升至水面，再用垃圾吊运船上的吊机将垃圾收集箱中收集的漂浮垃圾随网路一起吊离清扫船，再重新敷设网路，开始新的作业流程。

大型清扫船还装有喷水造流和垃圾导板装置，即使在退潮或船速很慢的情况下，通过两根喷水管喷水，推动导水槽内水往船艉方向流动，形成槽内外水位差，仍可使船艏水面上漂浮垃圾随水流向槽内，进入垃圾收集箱。大型清扫船装有闸门及翻斗装置，与垃圾收集箱配合工作。

4. 工作器具

水面清扫作业船的作业器具主要有可升降的垃圾收集箱、垃圾网路、捞斗及耙斗等。

5. 作业规程

（1）开航前，船员、操作工按各自岗位职责做好检查和准备工作，在值班驾驶或船长指挥下，解掉缆绳，驶往作业水域。

（2）进入作业水域后，操作工操作液压油缸将垃圾收集箱降至水下，并告示值班驾驶进行漂浮垃圾清扫作业。

（3）在清扫作业中，船员、操作工要保持主机和各种专用机械运转正常，并随时用耙斗将收集箱内垃圾往后耙，当收集箱收满漂浮垃圾时，提升垃圾收集箱至水面，返航至转运点。

（4）垃圾转运完毕后，按规定将网路铺设在收集箱内，扫清甲板上的残留物并用水冲洗干净，保持良好船容船貌。

7.3 清污作业

7.3.1 水面溢油清污作业

1. 溢油对水域环境卫生的污染和防治

船舶溢油进入水域后会在水面迅速扩散，形成油膜。扩散速度与面积受风、浪及水流的理化特性所影响。油在水面部分通过大气蒸发，其中低分子烃，极性化合物会溶解于水中，而剩下部分随密度增加形成油泥，最后成为沥青球面污染沿岸或漂浮水面，最后随密度增加沉降水底，造成持久的污染。

船舶油污水和溢油的主要危害有：

（1）水体中生物被油膜覆盖而缺氧窒息死亡或接触油污物引起中毒而死亡，严重影响水产养殖业。

（2）非致死剂量进入生物体，可降低对传染病和外界刺激的抵抗力，石油毒性会在生物体内积累，使生物体和人类食物混入芳香族碳氢化合物致癌物质。

（3）石油污染海滨，破坏了旅游环境。

（4）漂浮在水面上的污油，极易引起火灾和爆炸。

有关法规明确规定，船舶不得向水域排放残油、废油等有毒有害物质，船舶压舱水、洗舱水、舱底水应当委托污染物处理单位接收处理，不得任意排放。若发生水域溢油事件，应当按水域溢油应急程序处理。

2. 溢油控制盒清污现场作业

溢油清污现场作业以综合浮油回收船为作业单元，由作业船操作工进行现场作业操作。当发生溢油事故时，根据溢油应急现场指挥机构指令，由作业船携带围油栏、浮油回收设备等以最快速度赶往出事地点开展油污控制和清除工作。

水域溢油控制和作业的一般步骤为：布放围油栏设施、进行机械回收、用吸油材料吸油，特殊情况下用消油剂，不可颠倒程序作业。

溢油清污作业船到达溢油控制和清污现场，应执行溢油现场指挥部指令，严格按照作业步骤进行清污作业。

（1）切断溢油源。船舶溢油事故发生后，首先果断采取措施切断溢油源，关闭产生溢油事故的各种阀门，将破损油舱剩下的油转移到该船其他舱内或过驳到另外船上。

（2）溢油的围控。非持久性油类，如航空煤油、汽油、柴油及某些轻质原油蒸发速率极快，一般不采取回收作业，因为这些油经过一定时间大部分会自行挥发。对于持久性油类，应用最快速度设防围油栏进行围控，根据实际情况立即布放一道或数道围油栏，防止溢油继续漂移扩散。

1）将船上可能继续外溢的油围控住，在船的一侧设置围油栏，并密切注意溢油是否可能因破口不明或潮流变化导致另一侧也出现溢油，并迅速调整围油栏的方向与位置。

2）对厚度较大的、成片的溢到水域的油尽可能围控，应尽快回收。

3）对已经漂移扩散的碎片污油，围控很困难。只有在漂散不大，用较多数量围油栏，并在下风设置围油栏，才可能有些效果或用多艘作业船，控住围油栏的两端，边航行边围控。

4）若天气恶劣，无法布放围油栏时，应做好溢油监视检测预报，弄清溢油去向，最大限度地减少漂移到岸线的溢油量。

7.3.2 岸线清污作业

1. 清除浮油和重油污染物

漂到岸线的浮油应尽快地围拢与收集，可使用真空罐车泵、油罐拖把来收集浮油，车辆无法到达，可用桶、勺或其他容器人工打捞浮油，再将装油容器用船舶运走。

2. 清除轻度污染岸线污染物及油迹

轻度污染岸线通常用高压水冲洗或人工清洗，高压清洗可使用液压除油机，这种除油机质量轻，机构精制，不携带旋转部件，安全可靠。也可采用岩石除油机，可从水面、石缝、地面、水泥及沥青表面舔卷油污。

7.3.3 回收油和油污废弃物的处置

1. 处置方法的选择

如果岸线清除后，由于油的风化及油中渗入细沙、碎石，就必须考虑其他方法，如直接倾倒，埋于陆地以利用土壤改造作为次等公路的路面材料，或焚烧。处理的方法取决于油和碎石的数量及类型、环境因素及费用等，可参照表7—9。

表 7—9　　回收油和油污废弃物处置方法选择表

	油及污染物类型	分离方法	处理方法
液态	（1）非乳化油 （2）乳化油	（1）重力分离油与水 （2）破坏油的乳化态，释放出水用下述方法： 1）加热 2）应用化学法破坏 3）与沙子混合	（1）回收的油作为燃料油或送到炼油厂作油料 （2）燃烧 （3）将分离出的沙子送回沙滩原处
固态	油混有沙子	（1）在暂存期间从沙子中滤出液态油，再加以收集 （2）用水或溶剂冲洗，从沙石中筛取 （3）筛出固态油	（1）把回收的液态油作为燃料或炼油的原料 （2）直接处理 （3）用无机物材料固定 （4）耕作或混合土壤中，自燃降解 （5）焚烧
	油混有鹅卵石或扁卵石	（1）暂存期间从沙滩砂石中滤出液态油，再加以收集 （2）用水或溶剂冲洗，从沙滩中筛取油	（1）直接处理 （2）焚烧
	油混有木头、塑料、水草及吸油材料	（1）暂存期间冲沙石中滤出液态油，再加以收集 （2）从碎石中用水冲洗出油	（1）直接处理 （2）焚烧 （3）将混合有水草和吸附材料油耕作或混合土壤中自燃降解
	沥青球	用筛子从沙子里分离出油	（1）直接处理 （2）焚烧

2．油污废弃物处理过程中的存储和储备

滩岸岸线清除油污后，大量的油污沙石需要处置，在不能及时运走的情况下，必须临时存储这些油污沙石，为收集和最后处理提供缓冲余地，为选择适当的处理方法提供缓冲时间。对于岸线被清除的油污沙石，将其暂存沙滩的运势过程分为两个阶段：从沙滩运动暂存地点，过些时间再运到最后处理场所。

储存前应尽量将污油从污油碎石中分离出来，以便采用不同方法进行污油处置。

7.4　城市生活垃圾水上运输与装卸作业

7.4.1　生活垃圾散装运输与装卸

1．生活垃圾散装船舶停靠、系泊作业

生活垃圾散装船舶运用常用工具，以及利用风流，掌握船舶冲程，进行靠离码头的实际作业，是运输过程中的一个重要环节。

为了正确地进行靠离码头的操作，必须掌握船舶的装载情况和当时航速下的冲程；风流和水深对船舶操作的影响；码头的尺度、强度、水深情况和当时周围船舶通航情况。

(1) 靠离条件

1) 码头情况。选择合适码头尺度与流速，对靠离作业有密切的联系。

当码头旁的水深不大时，对吃水较深的船舶靠离作业有较大的影响。

码头旁的风速、流向、流速直接影响船舶的速度和冲程，而流向更密切关联到船舶靠离作业安全。

2) 系缆在舵的配合运用。码头旁常有一定的流速，当带上第一根系缆后操舵，就能调整船艏艉线与码头的夹角和它们的相对位置。

带上艏倒缆后操外舵，可使船艉靠向码头，操内舵可减缓船艉甩向码头的速度。

带上艉倒缆后操外舵，可使船艏转向河心，离码头经常使用这种方法。

系缆和舵的配合运用，可使船舶稳妥地靠拢码头和安全驶离码头。

(2) 靠离码头的操作

1) 靠码头操作及注意事项。在有水流的情况下，一般都采用逆流靠码头。在静水中，一般都为顶风停靠码头。在靠码头的操作过程中，主要掌握好船舶的冲程、摆正船位、靠拢角和顺流时还应考虑掉头的转舵这四大要点。

2) 准备工作。在靠码头前应做好各项准备工作，备好缆绳、碰垫、竹篙，必要时备锚。观察码头周围航道情况、泊位尺度及与码头的距离，选择好停靠的泊位。

3) 靠泊速度。充分估计风、流的影响及本船冲程的大小，运用能维持舵效的速度，切忌操之过急，要做到慢中求稳，稳中求快。

4) 摆好船位。操舵调整船身，以一定的角度对准码头，借余速前进，近码头时适当用外舵，尽量使船与码头平行。

如果前进惯性较大，可先上一根缆，控制船舶前进，以便及时将船停住，这时内挡应及时放上碰垫，防止碰擦，然后再迅速系妥各缆。

如果前进余速不够，抵达不到泊位的情况下，可以用竹篙撑或引缆绞靠泊位。

5) 靠拢角。靠拢角度是指船舶滑行至泊位外挡靠向码头时，船舶艏艉线与码头边缘延伸线之间的夹角。靠拢角度的大小取决于船舶艏艉线与风、流向间的夹角。原则上要求使船与风（流）之间的夹角越来越好。

6) 掉头时的转舵点。顺水时掌握好回转掉头的转舵点，以便船舶掉头后能在码头或下方得到合适的船位和靠拢角度。

2. 生活垃圾散装船舶码头装卸作业

（1）进出码头挡位的操作

1）移泊。移泊是指生活垃圾散装船舶在专用码头内，运用缆和竹篙或借助动力前后移动的操作。

2）进出挡操作。船舶进入或离开停泊位置的操作称为进出挡。由于码头泊位条件，停泊船只大小、多少、长短及风向、潮流等因素不同，情况比较复杂，船舶在进出挡操作中，要因地制宜选择安全、方便、省力、速度快的方法。

3）掉头。生活垃圾散装船舶由于装卸作业的需要，在没有动力的情况下，可采用自行掉头。

（2）装载作业

1）装载作业。生活垃圾散装船舶在码头管理员的安排下，进入装载挡位后，应按系缆顺序系好各缆。固定好船位后将“装卸质量签证簿”交码头管理员验证。

2）卸载作业。生活垃圾散装船舶将垃圾运至处置厂，在码头调度员的安排下，按顺序进入卸载挡位后，根据码头环境和装卸条件系好各缆，固定好船位。

7.4.2 生活垃圾集装箱运输与装卸

1. 生活垃圾集装箱船舶的积载作业

（1）配载的一般知识。集装箱船舶配载比普通船舶相对要复杂一些。集装箱的额定重量和外部规格尺寸是两项重要的技术参数（自重、载重、内部尺寸、容积和体积比等）的基础。

1）正确选择集装箱的货位和堆装方式。

2）中途港货箱合理积载

3）正确安排专用集装箱位置。

（2）生活垃圾集装箱船舶积载作业。集装箱船舶在积载作业过程中一般必须注意并做好以下的一些有关要求。

1）集装箱船的稳性要求。

2）正确选择集装箱的货位和堆装方式。

3）为了便于装卸，同一卸货点的集装箱最好成对相邻堆放。

4）船上集装箱的系固。集装箱船由于特殊的货舱结构，如甲板定位装置、支架、支壁、撑柱或其他等效定位约束结构，再配合专用系固构件就能比较容易地将集装箱系固在各个箱位上。

2. 生活垃圾集装箱船舶码头作业

(1) 压箱作业。通过铲车给压缩机上料，由压缩装置将废弃物压入集装箱内。一般每箱设计装载量是18.7 t，但是由于该集装箱船舶的满载量为500 t，而每船可以装24个重箱，每箱又有3.7 t的自重，所以压箱时每箱只能压入15 t的垃圾。

(2) 装船作业。通过起重机将重载集装箱由码头调至专用集装箱船，吊重箱时，由于起重机额定载重量的限制，每次只能吊运1只。装船时为了保持船体水平，每次应从船艏逐渐向船艉摆放。

(3) 卸船作业。卸船时，通过起重机将重载的集装箱由船上吊至码头。由于是每3只通过锁销连接在一起，而3只空箱的总重量是不超过起重机的额定装载量的，所以卸空箱时每次可以3箱连吊，同时为了保持船舶的水平状态，卸船时每次应由船艉向船艏卸船。

3. 生活垃圾集装箱货船航行作业

集装箱运输船在航行作业方面难度更大。由于箱体高度高，以至于高出了驾驶室的后视窗。这样驾驶员就不能直接从驾驶台看到船艉的情况。虽然现在已经在船艉安装了摄像探头，但毕竟探头的观察范围是有限的，这就要求船员在航行中，特别是在进入复杂航道时，更应加强瞭望，配合驾驶员做好安全航行工作。另外，由于箱体高度高，导致船体侧面的受风面积增大，所以在大风浪中航行时，船体容易向下方向漂移，在靠离码头，船速很低时，这种影响更为突出。这就要求驾驶员在航行时，能够考虑风力对船舶操纵的影响，合理地选择航向方法。

7.4.3 生活垃圾水上运输与装卸防污染作业

1. 船舶运输垃圾的质量要求

根据《城市环境卫生质量标准》规定，船舶运输垃圾应符合下列质量要求。

(1) 船容应整洁，垃圾舱外应无散落垃圾和其他污物，无蝇蛆。生活舱与垃圾舱之间应有隔离装置。

(2) 转运垃圾应密闭、垃圾不裸露、不散落。

(3) 蚊蝇滋生季节，垃圾舱应定时喷洒灭蚊蝇滋生药物。

2. 装、卸、运作业防污染操作要点

生活垃圾船舶在保证装足卸清，均衡受载的同时，还应掌握好防污染操作要点，做好防污染工作。

(1) 基本条件。装运生活垃圾船舶除符合港航部门规定的适航要求外，钢质驳船应安装 8 cm 以上的垫舱板，舱口围栏应具备防腐及抗抓斗撞击的性能，货舱容积应超过船舶自身运量的 30% 以上。

（2）操作方法。装运生活垃圾船舶进入码头装卸挡位，首先调整好船位，装货时舱口内侧 1/3 处对准码头卸货口，使车辆倒卸的垃圾完全进入舱口内。随时注意装载量增大后水位的变化，不断调整船位，保持垃圾不散落河中。卸货时：舱口基本在吊车抓斗垂直下落处，船舶与码头空当处应有防止垃圾散落河中的设施。如在装卸中，有垃圾散落河中应及时打捞至舱内。装卸完毕冲洗甲板，不得将垃圾冲入水域。

（3）防污染措施

1）盖舱布的使用。装卸前应及时掀开盖舱布，收拢叠放整齐，置于货舱后部。待装卸结束后，及时蒙上盖舱布，拉紧绳攀、扎紧四周绳扣。

2）灭蝇工作。配合、协助灭蝇工喷洒药物。在灭蝇工喷药物前应盖紧盖舱布，喷完药后，在“装载质量签证簿”上盖章后，才能开船。

3）排除沼气。垃圾装入舱内或集装箱内，经发酵后，产生沼气，如处置不当则会引起燃烧和爆炸。因此，必要时还需排除沼气。排除沼气的方法一般有：开启生活垃圾集装箱出气阀和灌水法。灌水法大都用于垃圾散装船舶在动用明火施工时。

3．船舶防污染管理

生活垃圾船舶除了做好装、卸、运作业中的防污染工作外，还应做好防止本船污染水域工作。

（1）防止船舶污染水域的措施

1）按规定配备加盖且不渗漏的储集生活垃圾的容器。

2）不向河内排放超标的含油污水和生活污水，以及有毒有害的污染物和垃圾。

3）不在航行途中冲洗甲板。

（2）船舶污染的内河排放标准

1）含油污水排放标准不大于 15 mg/L。

2）生活污水排放标准。生化需氧量（5 天）不大于 50 mg/L；悬浮物不大于 150 mg/L；大肠菌群不大于 250 个/100 mL。

3）垃圾排放规定。塑料制品、漂浮物质、食品废弃物及其他垃圾禁止投入水域。

第 8 章

船舶管理与安全应急

8.1　船员职责

8.2　船舶消防

8.3　船舶救生与急救知识

8.1 船员职责

8.1.1 船员职务

1. 当班驾驶员（大副）职责

大副为驾驶部负责人，是船长的主要助手。在船长领导下，负责驾驶部的安全生产、技术业务、技术安全、人事管理、检修计划、思想教育等工作，其主要职责如下：

（1）负责组织召开驾驶部有关安全生产工作会议，督促驾驶部全体船员遵守国家政策、法令，认真执行各规章制度和劳动纪律，检查、总结布置各项工作。组织领导驾驶部的技术业务学习，明确驾驶、引航操作方法和注意事项，布置航行安全措施，并做好记录。

（2）负责全船的生活和卫生管理工作（包括环境保护、船员伙食、引水员卧具、船员寝室分配及来船工作人员的食宿安排等）。

（3）根据船长布置，负责联系开航计划及任务。开航前，检查驾驶部各项准备工作，查询船员是否到齐，并报告船长。

（4）负责船体结构、舱面建筑和设备（包括锚泊、系泊和消防、救生、堵漏设备等）及工属具处于良好的技术状态。编制各种预检计划和进厂修理单，做好厂修前的准备，负责监修和验收。落实厂修期间的各项安全措施。

（5）负责编制驾驶设备器材、工属具、材物料、劳保用品和淡水的请领计划，按月检查消耗和库存情况。

（6）负责编制驾驶部船员值班表和公休计划，进行驾驶部船员的考勤登记，编制各项应变部署及填写应变职务备忘卡，进行应变演习时，负责现场指挥。

（7）航行中轮流值班，负责引航、驾驶操作，对本班的航行安全全部负责。严格执行有关引航地段分工规定和分段开车规定，督促值班人员认真履行其值班职责，经船长指定，可在中途港进行靠离码头，编解队操作。

（8）停泊值班时，对船舶停泊安全负责。巡视船舶及周围环境，注意船位、信号（灯号）、系泊设备是否正常；检查值班、护船人员是否在岗、在船；掌握水情气候变化，采取安全措施，并负责泊趸、交通等服务费用的签证工作。船长不在船时，负责移泊；船长不在船时，值班大副为船舶行政负责人，处理日常行政事务。

（9）船舶靠离泊位、系解浮筒、抛起锚、编解队，以及过船闸、大桥和进出峡水道时，经船长指示，负责船艏（过驳）指挥。

（10）船舶发生事故或遇险时，在船长指挥下，负责组织船员现场抢救。

2．水手职责

（1）水手受正、副驾驶的领导，是值班驾驶的助手。水手应了解航区的航道情况，懂得一般的航行规章。航行中担任瞭望、测深、前后联系、悬挂、开启信号和灯号的职责。在值班驾驶的指导下进行操舵。

（2）船舶靠离码头、锚泊、港内河中途作业时，进行系解缆、起抛锚、收放碰垫、靠把、撑篙等。拖带船舶时，执行值班驾驶的命令、指挥船舶编解队。

（3）熟悉舱面设备、船体、救生、消防设备和各种工属具的使用，并做这些设备的维修保养、清扫编扎工作。

（4）按时收听气象报告，做好记录。

（5）暴风雨来临前，应主动关闭门窗、舱盖、加固顶棚等，防止设备、货物受损。

（6）协助炊事、服务工作。未设炊事员的船舶，轮流做好炊事工作。

8.1.2 值班制度

1．航行中值班驾驶员职责

（1）值班驾驶员应当坚守岗位，认真操作，严格执行《中华人民共和国内河避碰规则（2013 年修正本）》（或国境河流的有关航行规则）和其他有关航行的规章制度。

依据驾驶员的职务、职责的不同，驾驶员需要明确工作岗位、工作时间、具体工作任务等内容，本《规则》要求值班驾驶员应当坚守岗位，这里规则使用“应当”一词，就是要求值班驾驶员尽最大能力坚守岗位，不能擅自离开工作岗位。

《中华人民共和国内河避碰规则》和其他有关安全航行的制度，是船舶安全航行的根本保障，本《规则》要求值班驾驶员操作时必须严格执行。

(2) 保持正规瞭望，及时掌握航道、航标、航行信号、水文、气象、来往船舶动态和周围环境，结合本船操纵性能，采取一切有效措施，保证航行安全。

“保持正规瞭望”是《中华人民共和国内河避碰规则》第六条的规定，瞭望是船舶航行与避让的首要环节，加强瞭望，保持正规瞭望，其目的是及时地、尽可能地、全面地掌握有关航道、航标、航行信号、水文、气象、来往船舶动态和周围环境等信息，结合本船的操纵性能，采取一切有效措施，保证船舶航行安全。因为瞭望的疏忽导致事故发生不胜枚举，因此，值班驾驶员应当随时用视觉、听觉以及其他一切有效手段保持正规瞭望。

(3) 正确使用操纵设备和助航仪器，并掌握在使用中发生故障时的应急措施。

值班驾驶员能否使用船舶操纵设备（车、舵、锚、缆等）和助航仪器（雷达、罗经、甚高频无线电话、测深仪等）将直接关系到船舶航行的安全，同时也是衡量一名驾驶员技术水平高低的一个重要尺度。

(4) 亲自或督促轮、驳水手（或舵工）检查号灯、号型、旗号、操纵设备和助航仪器，确保其处于正常状态。

号灯、号型、旗号、操纵设备和助航仪器是否处于正常使用状态，值班驾驶员必须时刻关注，它们是保证船舶安全航行的必要条件，船舶航行中应加强对号灯、号型和旗号等信号设备正常显示的检查。

(5) 船长在驾驶室，但未声言自己指挥航行或操纵前，值班驾驶员不得认为已被船长接替而放弃履行自己的职责。

驾驶室是船舶航行的指挥中心，船长到驾驶室，并不表明船长要亲自指挥，值班驾驶员应能领会船长的意图，如果前方航道的条件一切正常，值班驾驶员应继续操纵；如果前方航道是船长亲自指挥的航段或船舶航行处在危险之中，值班驾驶员应主动请船长操作，船长会根据实际情况作出明确的答复。

2. 航行中值班驾驶员交接内容

(1) 为保证交接班时船舶航行的安全，规则要求接班驾驶员提前 15 min 到达驾驶室，熟悉情况做好接班前的准备工作。应该说，这是根据驾驶员的交通特性所决定的，船舶夜间行驶时，驾驶室是没有灯光的，驾驶员由明亮的地方进入驾驶室，有一个适应过程，这种由明到暗的适应叫作“暗适应”。另外，驾驶员全面了解有关情况也需要一定时间。

（2）交接班时应当交清接明下列事项。

1）船位、航向、航速、水位、水流、潮汐、气象等情况。

2）号灯、号型、旗号、声响设备及助航仪器状况。

3）本船（或船队）吃水及操纵性能。

4）航行通电、通告及船长指示。

5）来往船舶动态。

6）雷达发现的情况和无线电话联系情况及双方已明确的会让意图。

7）客、货船在中途上下旅客及货物装卸情况。

8）船队在中途加拖、解拖及变更队形的情况。

9）有关航行安全的情况。

10）本班内发生的重要事项及下一班需要继续完成的事项。

“交清接明”是驾驶员交接班时应遵循的基本原则。交接班驾驶员应按规则规定的交接内容进行交接，上述10项交接内容，第1）项内容是交接班驾驶员每次都必须交清接明的，第2）~10）项内容并不是每一次都要交接的，例如说本船的号灯、号型、声响设备及助航仪器状况显示或使用正常，本船（或船队）吃水及操纵性能无变化，就不需要交接，当有异常情况发生时，才应交接。

（3）遇下列情况暂不交接。

1）正在避让或处理紧急事情时。

2）正在通过大桥、危险航道、进出船闸或正在改变航向时。

3）接班驾驶员对交接事项不明或有疑虑时。

4）交接班时间已到但无人接班时（应当派人报告船长）。

虽然到了交接班时间，但有上述四种情况的任一情况出现，《规则》要求暂缓交接。接班驾驶员刚刚到驾驶室，就进行复杂情况（避让、过大桥等）的操作，是难以胜任的，为确保安全，交班驾驶员必须待完成操作后，才能交接。接班驾驶员对交接事项不明或有疑虑时，暂不交接，因为接班驾驶员在未完全弄清有关情况下，一旦接替操作，无法保证船舶航行的安全。

3. 停泊（系泊、锚泊）值班驾驶员职责

（1）值班驾驶员应当认真执行有关安全规章制度，掌握在船值班人员名单和值班任务执行情况，经常巡视船舶，了解周围情况，维持船上的工作秩序和安全生产。

加强船舶停泊值班管理，保障船舶停泊安全，是停泊值班驾驶员的一项重要职责。船舶一旦停下来，人们思想上容易松懈。因此，作为值班驾驶员，认真执行有关安全规章制度应是本规则的基本要求。同时要求值班驾驶员掌握在船值班人员名单和值班任务执行情况，经常巡视船舶，了解周围情况，维持船上的工作秩序和安全生产。

（2）负责与港口联系，了解货物装卸和燃料、用水补给进度，并掌握船舶吃水、倾斜等情况。

船舶在港停泊待命期间，往往需要进行燃料、淡水的补给，进行货物装卸作业，为了保证停泊船舶在有限时间内完成这些任务，作为停泊值班驾驶员应负责与港口有关部门及时取得联系，随时注意工作进度，并注意装卸作业对船舶浮态和船舶稳性的影响状态。

（3）亲自或督促水手（或舵工）检查，应显示船舶处于正常状态。船舶在停泊期间，由于值班人员的数量相对少一些，工作状态不同，紧张程度不同，在神经相对松弛的情况下，容易忘事，尤其容易忘记停泊信号的正常显示。

（4）系泊中亲自或督促水手（或舵工）注意系缆受力和他船靠离情况，发现异状，及时采取措施。

当系泊船因风、流、他船并靠等造成外力增大，值班驾驶员应亲自或督促水手（或舵工）注意系缆的系留力是否足够，一旦发现系缆的系留力不够，应立即增加系留力，或令并靠船移泊。

（5）锚泊前应当了解锚地的潮汐、流向、水深、地质、气象及周围情况。

选择河床地质较好、水深适宜、风流影响小的锚地，对保证锚泊船的安全至关重要。因此，船舶锚泊前应当充分了解锚地的潮汐、流向、水深、地质、气象及周围情况，结合本船的实际情况，采用正确的锚泊方法。

（6）锚泊中亲自或督促水手（或舵工）了解，并注意下列情况，以便及时采取措施。

1）是否走锚。

2）周围锚泊船舶的情况。

3）风、流、水位及潮汐的变化情况。

4）旁靠船舶的系缆及其他安全设施。

锚泊船之所以能安全浮留于水面，是因为由锚和锚链产生的系留力大于船舶所受的外力。当船舶所受外力发生变化，外力大于系留力时，就会发生走锚。为保证锚泊船的安全，值班驾驶员应亲自或督促水手（或舵工）注意了解风、流、水位及潮汐的变化情况，发现走锚，应采取加抛锚（若系单锚泊船走锚）或放长锚链等措施；还应注意周围锚泊船舶的情况和旁靠船舶的系缆及其他安全设施。

（7）值班驾驶员一旦发现本船或他船走锚时，或者过往船舶距离本船过近、出现危险局面时，应当果断采取有效措施，以避免或减少损失，并立即报告船长。

（8）船舶修理时，为防止意外伤害、火灾等事故发生，值班驾驶员应时刻关心从事高空、舷外、临水、烧焊及封闭舱室内工作人员的安全，检查督促施工现场各项安全防护措施是否到位。

（9）遇到火警、人落水、舱室进水或船舶碰撞等紧急情况时，应立即发出警报信号，报告船长，并组织在船人员全力抢救，必要时要求有关方面予以援助。

（10）根据有关规定，亲自或督促水手（或舵工）用无线电话在规定的频道上按时收听，必要时做好记录。

（11）经船长指定，负责移泊。船舶停泊期间，船长不在船时，经船长指定，值班驾驶员根据港口调度，负责船舶移泊工作。

（12）严格遵守防污染的有关规定。

（13）按规定记载航行日志。按航行日志记载规定，航行日志的记录除船舶航行记录外，还应明确反映船舶停泊、作业和修理的基本情节。

8.2 船舶消防

8.2.1 船舶防火

1. 燃烧条件

燃烧是指可燃物质和空气中的氧气发生剧烈氧化而发光、发热的一种化学反应现象。燃烧必须具备三个条件：燃料——可燃物质，空气——助燃物质，温度——着火热源。

以上三个条件通常称为“燃烧三要素”。三个条件必须同时具备并相互结合、相互作用，燃烧才能发生。缺少其中任何一个条件，燃烧都不能发生。

有时在一定范围内，虽然三个条件都存在，但由于他们没有相互结合、相互作用，燃烧的现象也不会出现。

（1）可燃物质。可燃物质指能与空气中氧气或其他氧化剂起剧烈反应的物质。

（2）助燃物质。助燃物质指能够帮助燃烧的物质。如氧气及氯酸钾、高锰酸钾等氧化剂。

（3）着火热源。着火热源是指引起可燃物质的一切热能来源，也就是火源。如火柴的火焰、香烟头、电焊火花等。

2. 火的种类

不同的物质具有不同的物理、化学性质。燃烧起火后也有各自的特点。在消防工作中要根据各自的特点，采取相应的灭火方法，使用合适的灭火剂，有效灭火。按可燃物性质，一般分为四类。

（1）普通火。普通火是指由各自固体可燃物燃烧所产生的火，如木材、棉花、纸张、绳索、煤炭等。这种火能深入物体内部，施救时，可用水扑救，但要充分注意冷却，勿使其复燃。

（2）油类火。油类火是指各种油类、脂肪燃烧所产生的火，如石油及石油制品，油漆，酒精，动、植物脂肪等。这类火只限在表面上燃烧，但有爆炸危险。这种火不可用水浇，因油轻水重，油浮在水面，反而会使燃烧的油随水流动，扩大火灾的范围。

（3）电气火。电气火是指由电器、电料漏电而引起的火灾，或者是由上述两种火灾延烧而引起的火灾。这种火灾在施救时有触电的危险，故在施救时，应先切断电源。在未切断电源前，不能用水浇，以防触电。当电源被切断后，要在不损害电气设备的原则下，与普通火一样处理。

（4）轻金属火。轻金属火是指钾、钠、镁、铝等金属燃烧的火。这种火的特点是温度高、火焰低。可用金属型干粉或沙土扑救，不能用水和二氧化碳等灭火剂灭火。

3. 灭火的基本原则

（1）检查火情，采取正确的灭火方法。检查火情是扑灭火灾的首要环节。查明着火部位，燃烧物的性质，火势可能蔓延的方向（是否有人受到火势的威胁，可能受到火势威胁的易燃、易爆物品等）。只有查明火情，才能掌握灭火的主动权，采取正确的灭火方法。

（2）先控制、后灭火。救火时，首先要控制住火势，不让其蔓延，才能为及时扑灭火灾创造条件。灭火的顺序是先上到下，从周围到中间，从上风侧到下风侧。

（3）火场必须统一指挥、分工负责、协同作战。只有统一号令、统一行动才能充分发挥全体救火人员和灭火器材的作用。一般情况下，在侦查火情的同时、控制火势、抢救人员、扑灭火源等工作几乎需要同时进行。因此，必须密切配合、互相协作，才能保证灭火工作顺利进行。

（4）彻底扑灭余火。火扑灭后，条件许可时一定要清理火场、消灭余烬，以免死灰复燃。必要时还应该由专人看守火场。尤其是棉花、木材、纸张、煤炭等固体物质失火，在明火被扑灭后，经常还有余烬，还应用水浇灭。

4．灭火方法

不同的火灾有不同的灭火方法，灭火的原理就是根据不同的燃烧过程，消除其燃烧或爆炸的条件，使燃烧三要素不能同时并存，达到扑灭火灾的目的。灭火的方法可分为隔离法、冷却法、窒息法、化学中断法等。

（1）隔离法。隔离法是指迅速将可燃物与火焰分隔开来，把火控制在一定范围内。如将火场附近的可燃物迅速搬离，拆除与火场毗邻的易燃建筑，关闭可燃气体和液体能继续进入火场的孔道等。

（2）冷却法。冷却法是指降低燃烧物的温度，使之低于燃点温度，停止燃烧。冷却法是灭火的重要方法，主要用水或二氧化碳来冷却降温，使燃烧物熄灭。如用水喷洒在燃烧物上，喷洒在火场附近的建筑物或可燃物上，使之降温，同时阻止火灾蔓延。

（3）窒息法。窒息法是用不助燃的气体（如二氧化碳、氮气、蒸汽等）喷到火上，以隔绝或冲淡燃烧物四周的氧气，使物体不能继续燃烧；或用不燃烧物质（如黄沙、石棉布、浸透水的毯子、浸湿的棉被等）覆盖在火上。对于液体燃烧的火灾，则可用二氧化碳、四氯化碳，冲淡氧气的供应条件，或者把火场的门、窗、通风装置及其他空气通路关死，以限制火场的通风条件，减少或隔断其氧气来源，达到灭火的目的。

（4）化学中断法。化学中断法是将灭火剂（化学物品）喷向火焰，使之受热后分解出一种极为活跃的游离基，夺取燃烧中的氧和氢氧游离基，组织火焰燃烧连锁反应的进行，使燃烧中断而灭火。如用“1211”、干粉等灭火剂灭火。

对于不同的火灾种类，应采取不同的施救方法，否则不但达不到灭火的效果，反而会扩大灾情，造成更大的损失。

8.2.2　船舶消防设备

1．水灭火系统

（1）水灭火系统的组成。水灭火系统由消防泵、消防栓、消防水带及水枪等组成，如图 8—1 所示。

1）消防泵。消防泵应为独立动力泵。消防泵排水量至少能满足出水口径为 13.6 mm 或 19 mm 的水枪同时喷出两股水流，且射程不少于 12 m。

2）消防栓。船上消防栓的数目和布置很关键，船上任何一处失火时，至少要有两股有效的消防栓可以施救，且其中一股仅用一根消防水带即可到达。在机舱出口附近，每舷至少设一个消防栓。消防栓的位置应便于连接消防水带。消防栓由连接消防水带的内口或接头、截止阀和保护盖等组成。

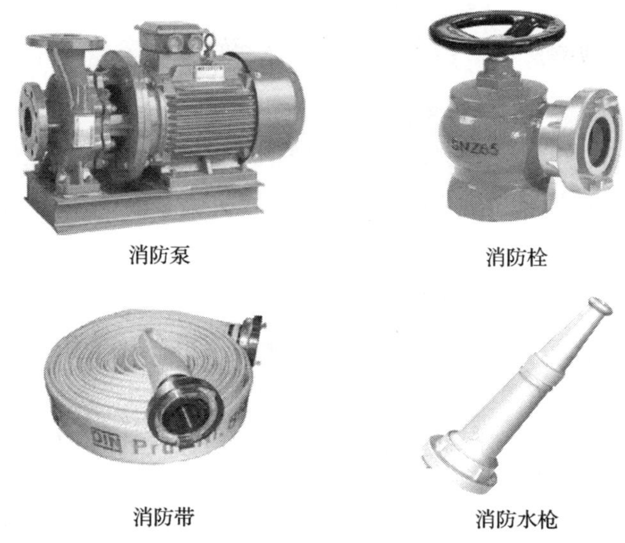

图 8—1　水灭火系统

3）消防水带及水枪。消防水带应由帆布或其他适合的材料制成，每根水带长度不大于 20 m，其两端均安装接头，便于与消防栓、水枪或另一消防水带连接。平时不用时，将消防水带卷折好，连同水枪一起存放在消防栓附近有玻璃门的柜内。卷折时，先将消防水带对折，其两端各有长短，再从中间附近开始卷。一旦发生火灾时，由两人拉住消防水带的两端即可迅速摊开，将一端连在消防栓上，另一端接上水枪即可灭火。若一根消防水带长度不够，可将数根消防水带连接起来用。

水枪有喷水水枪、喷雾水枪及喷水喷雾水枪，可根据需要配置。

（2）水灭火系统的用途。水对于扑灭固体物的燃烧有很好的效果，由于普通火的燃烧能深入燃烧物的内部，用水浇灌可渗入燃烧物的内部，达到彻底消灭火种的目的。

用水灭火系统扑灭油类火时，只能使用喷雾水枪，将水雾化后再落到火面上，起冷却作用和窒息作用，且不可直接把水喷射或浇灌到着火的油上。

对于遇水燃烧的物质（如电石、金属钠、钾、氧化剂等）失火及电气火（电源未切断前），不能用水灭火系统灭火。

（3）水灭火系统的检查和保养

1）应定期检查整个系统。船舶厂修时，要进行效用试验。冲洗所有水管，清除污物，如有损坏，应立即报修。

2）消防栓附近不能堆放杂物，阻碍开启消防栓，以免应急时不能及时使用。

3）消防水带和水枪不能移作他用，应放在消防栓附近，便于取用。每月检查一次

消防水带，查看是否有潮湿现象，并取出、摊开、重卷一次，以变换折痕。消防水带使用后应洗净晒干，如有油污，应以清水和软肥皂刷洗干净，但不能用钢丝刷、沙石或强碱水洗刷。

4）消防栓的出口平时应盖上保护盖，以保护接头牙齿，并防止阻塞。在冬季，应将消防栓、消防水管包扎起来，在使用后及时将管中残余水放尽，以免冻结。

2. 手提式灭火机

手提式灭火机是一种容量不大于13.5 L且不小于9 L，内装有液体化学剂或二氧化碳、卤化物、干粉等灭火剂的钢瓶，内河船舶常用手提式灭火机有泡沫灭火机、二氧化碳灭火机、“1211”灭火机和干粉灭火机等。

（1）泡沫灭火机。泡沫灭火机是船舶常用的一种灭火机，其结构如图8—2所示。

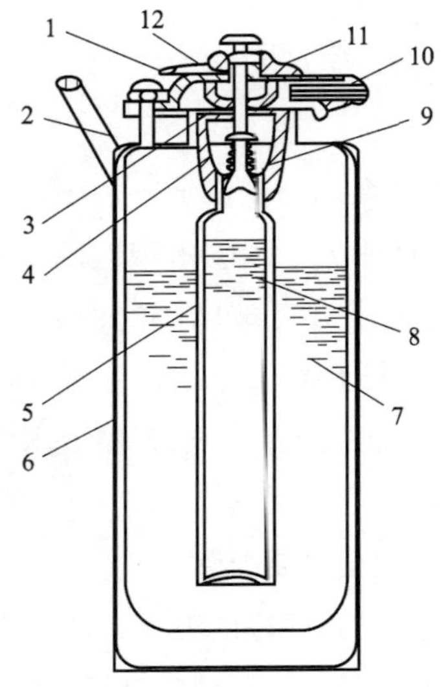

图8—2 泡沫灭火机

1—筒盖 2—手提柄 3—密封垫圈 4—环形瓶架 5—玻璃瓶胆 6—金属圆筒 7—碳酸氢钠与泡沫剂 8—硫酸铝溶液 9—弹簧盖 10—喷嘴 11—筒盖机构 12—扳机

钢筒里面装有碳酸氢钠和发泡剂混合液。钢筒的中间悬挂一个敞开的瘦长型的玻璃瓶和塑料瓶，瓶内装有硫酸铝的溶液。平时两种液体互不接触。使用时倒置筒身，两种液体混合起化学反应，产生泡沫二氧化碳，以一定的压力从喷嘴喷射泡沫，其射程为8～10 m，喷射时间约1 min。

泡沫灭火机适用于扑灭油类、易燃液体、木材纸张等固体物质的火灾。不适用于丙类火和酒精、乙醚等物质的灭火。

泡沫灭火机应置于易取、坚固、非高温之处，并定期进行检查。要保持筒身清洁，红漆鲜明，冬季应保温，以免溶液冻结，防止喷嘴阻塞等。药剂有效期为1年，应按期更换，以免失效。

（2）二氧化碳灭火机。二氧化碳灭火机主要由二氧化碳钢瓶、柄式开关、手提柄、喷射软管、喷射手柄（绝热手柄）、喷管等组成，如图8—3所示。其喷射时间约为30 s，二氧化碳为无色、无味，比空气重的不燃气体。在0℃加压至36 kg/cm^2 时能液化，自由气态体积为液态体积的450倍，喷射到燃烧物上能起窒息作用和冷却作用。当空气中二氧化碳的含量到达30%时，在30～40 s内即能将火扑灭。二氧化碳不导电，无腐蚀性，在冬季不冻结，能长期保存不失效。但二氧化碳不能用于扑灭钾、钠、镁、铝等轻金属的火，因为这些物质能与二氧化碳起化学反应，使其失效。二氧化碳有使人窒息的危险，当空气中二氧化碳的浓度达到5%时，人会发生呼吸困难；超过10%时，会使人失去知觉以至死亡，使用时应加以注意。

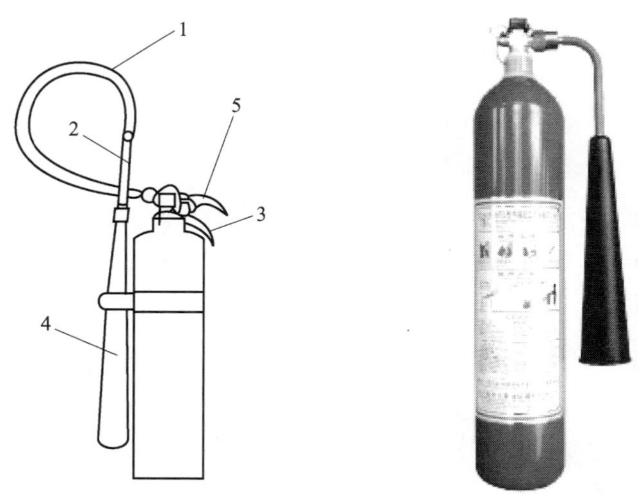

图8—3　二氧化碳灭火机

1—喷嘴软管　2—喷管手柄　3—手提柄　4—喷管　5—柄式开关

二氧化碳灭火机应放置在阴凉易取处，机身应保持清洁无锈。每年应定时检查，当发现药液失重为总量的1/10时，应及时填装药液。

（3）“1211”灭火机。“1211”灭火机在机筒中装有“1211”灭火剂，并充装氮气或二氧化碳，加压5～6 MPa，作驱动用。使用时拔掉保险用的插销，用力将上手把压下，灭火剂即从喷嘴喷出，松开对手柄的压力，喷射终止。灭火时，应对准火源根部扫射推进，易于收效。

“1211”的毒性小，对金属腐蚀性低，绝缘性好，对扑救油类、电气、气体、有机溶剂的火灾均有良好的效果，不会损害精密仪器。有储存压力低，能保持5年不变质的优点。但要防潮，放置在阴凉干燥处，每半年检查一次，如液重少于90%时应进行充灌。

（4）干粉灭火机。干粉灭火机筒中的干粉主要是碳酸氢钠，加入适量的滑石粉或二氧化硅等物质。瓶装置中有二氧化碳小钢瓶或氮气瓶作驱动用。它依靠压缩气体（如二氧化碳、氮气）的压力作用，将干粉形成粉末状喷射，使其覆盖在燃烧物上，构成阻碍燃烧的隔离层，干粉受热后分解出的游离基，可置换燃烧物汇总的活性基，把火熄灭。

干粉灭火机适用于扑救普通火、油类火，还有可燃气体、电气设备和遇水燃烧等物品的起初火灾，但在使用中要注意有复燃的可能性，因此，必须将火彻底扑灭。

干粉灭火机中所用的干粉是无毒的，在一般情况下不熔化、不分解，没有腐蚀作用，对人体无害，但遇水后具有腐蚀性。

干粉灭火机应存放在干燥阴凉位置，保持干粉不受潮、不结块，驱动气瓶应定期称重，若减重超过1/10应充气或更新。干粉灭火机可在－10～45℃气温下工作，一般情况下可储存4～5年。

3. 其他消防用具

（1）黄沙箱。黄沙适用于扑灭初起的小范围油类火和轻金属火，并可用来隔离火场，防止火势蔓延。黄沙箱用铁或木材制成，外面涂红漆并白漆写上“黄沙箱”字样。箱内所储黄沙必须干燥，每个沙箱应备铁锹1把，在运油船上用木质的沙锹。黄沙箱专门用于存放消防黄沙，不得存放其他物品。

（2）消防水桶。消防水桶是最简单的灭火工具，以镀锌铁皮做成，并需有适当长度的系索1条。水桶周长为47 cm，水桶外面涂红漆，平时注意装满水，分置于船舶前、中、后部，不得移作他用。

（3）消防斧。消防斧用于救火时拆除障碍物。消防斧有绝缘手柄，一般都漆成红色，平时要放在固定的容易取用的地方，不能随便移作他用。

8.3 船舶救生与急救知识

8.3.1 船舶救生常用设备

1. 救生衣

救生衣是帆布或尼龙制成的背心，中间填以浮力材料，穿着后在水中提供浮力，支撑落水人员头部出水，浮于水面待救。按制造材料不同可分为木棉、软木、塑料、充气救生衣等，按式样不同可分为双浮袋式、背心式等。救生衣一般为橙黄色。

（1）救生衣的基本要求

1）在淡水中应能浮起7.5 kg的铁块达24 h。

2）两面可同样穿着使用，并佩戴哨笛1只。

3）穿着救生衣的人，在水中不做任何运动（如失去知觉时），不会因头前俯而使脸部淹没在水中。

4）穿着救生衣的人可以转动身体至安全漂浮位置，使身体后倾仰卧，让脸部浮出水面。

（2）救生衣的使用和注意事项

1）救生衣应按船员定额的115%配备。

2）穿着救生衣时必须系好上下带子，在甲板操作时必须穿好救生衣。

3）救生衣平时应存放在明显易见且容易取用的地方。应保持干燥，定期检查包布、缚带，使其不受腐蚀。

4）不能把救生衣作枕头或坐垫用，以防内部浮力材料受压而减少浮力。

2. 救生圈

救生圈是供落水人员套于腋下的环状浮体，能在水中提供浮力。救生圈用泡沫塑料或经验船部门同意的等效浮力材料制成，外面包帆布或塑料，表面涂红白相间的油漆，并用黑漆写明船名和船籍港。

（1）救生圈的基本要求

1）在淡水中应至少能浮起14.5 kg的铁块达24 h。

2）其强度应保证在10 m高处投入水中不应有损坏或永久变形。

（2）救生圈的使用

1）在水中使用救生圈的方法。落水人员在水中使用救生圈时，用两只手压住救生圈的一边，使其直立起来，一只手和头顺势套入圈内，再把另一只手也套入圈内，使救生圈置于两腋下，落水者可直立于水中。

2）救生圈的投掷救援。当发现有人落水时，应立即就近取出救生圈跑向落水者。抛救生圈时要主要抛到落水者的头上，有水流处，应当抛在落水者的下水流处，便于落水者攀拿。

3）救生圈的存放。救生圈应放在甲板两侧易于取用的地方，不得集中存放或以任何方式永久固定。

8.3.2 救助落水人员

1. 船舶航行作业时有人落水救助

发现有人落水应大声叫喊“×舷有人落水”，同时应将附近的救生圈或其他浮具，从上游或上风附近迅速地抛给落水者，并看守住落水者的位置。驾驶员听到有人落水呼叫时，应立即停船，满舵转向落水人一舷，以免落水人被吸入船底螺旋桨处，同时鸣放三声长笛。掉头后由下风、下水驶向落水者，设法进行营救。

夜间有人落水者，应保持安静，倾听落水者的呼叫，并开启探照灯搜索。

2. 溺水人员急救

溺水者容易因呼吸道被水、污泥、杂物等堵塞，引起缺氧窒息。一般呼吸先于心跳停止。

（1）确定心跳停止的方法

1）瞳孔放大，对光无反应。

2）直接耳贴左胸侧，倾听确认已无心跳。

3）用手指按压颈动脉或腕动脉处无搏动感。

4）用手指按压股动脉处无搏动感。

（2）对轻症溺水者的施救

1）症状。神智清楚，面色苍白，恐惧，轻度紫绀，心跳呼吸存在。

2）处理方法。不需特别处理，必要时先倒水，然后卧床休息保暖，喝些姜汤、浓茶，以利驱寒。

（3）对重症溺水者的施救

1）症状。面部青紫肿胀，两眼充血，肢体冰凉，部分病人上腹饱胀，不同程度昏迷、抽搐，呼吸和心跳先后停止或同时停止。

2）处理方法。立即清除口鼻、咽喉内的水和泥沙，取出活动假牙，将舌头拉出，保证呼吸道顺畅。迅速进行倒水，将呼吸道积水排出，但不要过分强调倒水。对呼吸停止者立即进行人工呼吸，采取口对口或俯卧压背法。对心跳停止者进行心脏胸外按摩术。

（4）倒水方法

1）抱住病员双腿，将病员腹部放于急救者的肩上快步走动。

2）急救者取跪位，将病员腹部放于膝盖上，使头下垂并压迫背部。

抢救中最重要的是即时进行口对口人工呼吸和实施心脏胸外挤压术，切记把时间重点放在倒水、摸脉搏、听心跳、看瞳孔、解衣扣上，以防延误时间。尚有微弱呼吸和心跳者，倒水反而会使其中断呼吸。

8.3.3 船舶堵漏

1. 船舶破损的应急措施

船舶在水中航行或服务作业时，可能因碰撞、搁浅、触礁、风暴或其他原因，使船体破损，特别是水下部分遭到破坏以后，大量的水进入船体内部，如不及时排水堵漏，就会使船舶倾斜，甚至沉没。因此，养护保洁作业船作业服务人员应当掌握正确堵漏和使用器材的方法。

当船体破损进水时，首先应迅速确定损漏位置，以便及时采取正确的堵漏措施。可通过听、看、测来确定损漏位置，具体可采用以下方法。

（1）细心观察船体倾斜状态，以判断漏洞是在船舶的前部、左部、右部或后部。

（2）测量舱内水位。在测水位时应先测下倾一侧的舱室，然后再测其他舱室，可以提前判定漏洞所在。

（3）倾听测量管或空气有无出气声和流水声。如双层底或密闭的舱室进水可听到出气声和流水声，邻舱进水与否根据敲击隔舱壁发出的声音不同来判断。

（4）用泵抽水。用泵抽水不止，可以肯定舱内进水，此时应观察水源大小和动向，以判断何舱进水。

（5）用漏洞探测器检查。漏洞探测器以直径5 mm铁丝做成直径0.5 m左右的圆圈，用帆布缝成平面，并固定于刻有长度标记的长竹竿上。使用时从甲板上顺着船舷把漏洞探测器置于水下，紧贴船外板上下左右移动，感觉有被吸拢现象时即为漏洞所在。查看竿上的深度标记，就可知道漏洞在水线下的深度位置。一般已知大概方位使用漏洞探测器，通过探测确定其正确位置。

在探测损漏位置的同时还需减速停船，把船停住可以减少进水量和冲击力。必要时将船驶向浅滩。组织人员堵漏，根据破损情况，采取相应方法进行。有专人观察平均吃水的变化，随时掌握干舷的高度，要对进水量、排出效率和尚存的储备浮力做到心中有数，掌握主动权。

根据情况，及时向领导机关及附近海事管理机构报告出事地点、时间、损坏程度、抢救情况和要求援助的性质等。

2. 堵漏器材

（1）船舶常用的堵漏器材有木板、圆钉、水泥、黄沙、棉絮、帆布、木塞、堵漏

盒等。堵漏工具有斧、锯、槌等。

以上器材应根据作业船的大小和作业航行水域的不同进行配置。

（2）堵漏器材的检查保养

1）一切堵漏器材应存放在规定地点，专人保管，不得移作他用。

2）铁质堵漏器材应定期保养，不使其生锈，活动部分应经常加油，保证使用时灵活。

3）纤维质材料，如防水帆布、棉絮等应定期日晒通风，保持干燥，不使其霉烂。

4）木质器材不要放在温度太高或潮湿处。

5）水泥应放在空气通畅、干燥的地方，注意出厂日期与保管期限，按期更换。

3．堵漏方法

堵漏方法有两种，当破裂程度不大，进水量小的情况下采用舱内堵漏的方法；当破洞位于船壳板水线附近，从外部堵塞较为方便时可采用舷外堵漏的方法。

舱内堵漏法还有以下几种：

（1）螺杆堵漏法。将一个直径 360 mm、厚 140 mm 的圆形软垫和两块同样直径的厚木垫板穿在一根活动螺杆上，将螺杆的横杆折合，与螺杆折合为一线，伸出洞外，再使横杆张开，紧靠舷板，旋紧螺钉螺母，压紧软垫以堵塞漏洞。

（2）活页堵漏板堵漏法。可用来堵塞卷边向内的破洞。先将堵漏板折叠起来送出漏洞外，然后打开堵漏板拉紧，并将螺杆套上撑架，旋转蝶形螺帽即可将漏洞堵塞。一般用于直径 300 mm 以下的圆形或近似圆形的漏洞。

（3）支撑堵漏法。内河船舶常用的堵漏方法，也是较简单的堵漏方法。当发现破损进水时，首先用棉絮或其他软垫物品将洞堵住，再压以垫板，然后用支撑柱将垫板和软垫撑紧。支撑方式根据漏洞位置及舱内构建分布等具体情况确定。如漏洞位于船底支撑柱的根端，可顶于甲板骨架上；如漏洞位于船侧，支撑柱的根端可顶于甲板支柱上，或用两根支撑柱，其根端分别紧顶于甲板骨架和船底骨架上。

（4）水泥堵漏法。先选用适当的堵漏方法堵塞漏洞，然后用优质水泥、黄沙、盐或小苏打按 100∶100∶1 的比例加水调拌成水泥浆，倒入特质的水泥模板框箱内捣固。倒入时，先填水势较弱处，逐步包围，使之形成一股或两股水势，再用一截竹筒斜插进去，把水引出箱外。而后再将水泥拍实，约 24 h 后水泥凝结或竹筒余水泄净，再将木塞裹上棉絮把竹筒堵死即告完成。

（5）各种小洞堵漏法

1）用布或棉絮包住木塞，塞住洞口，用木锤打紧，在敲打时，不能用力过大，以防把木塞打碎。

2）用浸过油漆的小块棉絮塞入洞内，再配以大小适宜的堵漏盒箱，紧贴漏洞处，然后用撑木支紧固定好。

3）遇洞孔不规则，可先将适当木塞套牢，再用大小不同、裹上浸过油的布或棉絮，一一塞满空隙。

（6）裂缝堵塞法。先在裂缝两端各钻一个小孔，用浸过油漆的破布或棉絮包裹木楔，然后用锤子将其中一个一个地顺次打入裂缝，直到全部漏水现象消失为止。

4. 弃船自救

船舶遇险，无法挽救危局，为保证人员的生命安全，迫不得已时采取弃船措施。弃船命令由船长或驾驶长下达和统一指挥。弃船应采用下列方法和措施。

（1）操纵船舶驶至浅水区搁滩，如无浅滩可隔，可将船驶至浅水岸边锚泊，让出航道弃船。

（2）选择水底较平坦处弃船。

（3）利用固定物标确定弃船位置后，船长或驾驶长下达弃船令。

（4）及时将弃船原因、地点和应变措施报告海事管理机构和上级部门。

（5）尽可能抢救贵重物品，携带好航行日志、轮机日志、资料、账册、国旗等离船。船长或驾驶长最后离船。

8.3.4 安全用电

1. 触电与保护

（1）触电。人体因接触带电体而承受过高压电以致引起局部受伤或死亡的现象称为触电。触电按照伤害程度的不同可分为电伤和电击两种。

1）电伤。电伤是指人体外部由于电弧或熔丝熔断时飞溅起的金属末等造成的烧伤现象。

2）电击。电击是指因电流通过人体使内部器官受伤的现象，是最危险的触电死亡事故。当通过人体的电流超过 50 mA 时，中枢神经就会遭受损害，严重可使心脏停止跳动而导致死亡。

触电伤害程度取决于通过人体电流的大小、途径部位和时间的长短。人体各部分的电阻大小不一，从几十欧姆到几百欧姆不等，皮肤的电阻最大，但也会因出汗或潮湿而大大降低电阻值。由此可见，人体所触及的电压大小和触点时的人体情况时决定伤害程度的重要因素。

为了减少触电危险，船舶使用的航灯等均为 24 V 的安全电压；在特别潮湿的场所，必须采用 12 V 电压的电源。

（2）接地及接零保护

1）接地保护。为了防止人体触及带电的电器外壳而触电，将电器金属外壳以及同外壳的金属构架与“地”作电气上的连接保护方式称为接地保护。采用接地保护后，即使因电气设备绝缘损坏而漏电，当人体触及带电外壳时，因人体电阻比接地极的电阻大得多，几乎没有电流通过人体，所以能保证人身安全。

2）接零保护。电力网中，应采用接零保护，即把电气设备的金属外壳、框架和中线相连，当电气设备外壳接中线后，如果有一相因绝缘损坏而碰壳时，则该相短路，立即烧断熔丝，或使其他保护线路迅速切断电源，免除触电危险。必须指出，在同一电力网中，不允许一部分设备接地而另一部分设备接零。

3）工作接地。为了保证电气设备在正常和发生事故的情况下均可靠运行，将电路中某一点与船体电气上的连接，称为工作接地。如防雷的接地、三相变压器中点接地等。

工作接地不能与接地保护共同接地线，不可固定在船壳板上，而应接到不易受机械损伤和油水浸渍的、与船体永久连接的构件上。

2. 安全用电注意事项

电气设备的损坏、触电事故的发生往往是由于疏忽和不重视安全用电而引起的，所以必须对下列情况特别注意。

（1）在任何情况下，均不得用手来鉴定接线端或裸露导线是否带电，应使用验电工具，如测试电笔、万用表、校灯等。

（2）更换熔丝时，应先切断电源，切勿带电操作。

（3）充电机对蓄电池充电时，禁止用蓄电池正、负极间打火方法来检查电池存电情况，以免烧坏整流器的二极管。

（4）禁止用金属等物件敲击拖轮与货驳间的电缆，以免引起短路而损坏电气设备。

（5）充电机接线正确，不能将交流输入端与直流输出端的连线柱相互接错。

（6）船舶信号灯、舱室照明及生活用电设备为直流 24 V 安全电压，使用这些用电设备时应避免短路，以免烧坏用电设备。

（7）接用岸电时，应检查岸电箱的电制、电压等级与船上所用一致时，才可借用岸电。不应放置甲板，应该架空。

（8）有人触电时，应立即切断电源或设法使触电者迅速脱离电源，然后根据情况采取抢救措施。

（9）禁止在房间和走廊的任何照明线路上改装或添装临时灯，禁止任意连接分路来装电热器、电炉等。

技能要求

使用泡沫灭火机

操作准备

设置模拟火场，泡沫灭火机放置于易取之处。

操作步骤

步骤1　将灭火机从放置处取下，竖直平稳地提到火场上风处。

步骤2　先松开弹簧盖，然后将灭火机倒置，将喷嘴对准火源，进行喷射。

步骤3　喷射时不可对准燃烧体中心，宜从下部西周喷射，从下到上、从周围到中间灭火。

步骤4　喷射持续时间约为1 min，喷射结束放置在远离火场处。

注意事项

当泡沫喷射完后，应迅速放置到远处，以防爆炸伤人。

穿着救生衣（塑料式）与使用救生圈

操作准备

将救生衣与救生圈放置在养护保洁作业船中便于取用处。

操作步骤

步骤1　穿着救生衣前，检查浮力袋、领口带、腰带等处，不能损坏。

步骤2　穿着时将救生衣套入头颈，像穿衣服一样穿好，把腰带分别从身后向前绕腰部一周，在前胸打一平结，然后将领口带系好。

步骤3　听到有人落水，判断落水者（模拟充气人或其他物品）方位，前往救生圈存放处，取下救生圈。

步骤4　将救生圈抛在落水者（模拟充气人或其他物品）下水流处。

注意事项

救生圈不得抛向落水者（模拟充气人或其他物品）头部。

理论知识考试模拟试卷及答案

船舶驾驶员（环卫）（五级）理论知识试卷

注 意 事 项

1. 考试时间：90 min。
2. 请首先按要求在试卷的标封处填写您的姓名、准考证号和所在单位的名称。
3. 请仔细阅读各种题目的回答要求，在规定的位置填写您的答案。
4. 不要在试卷上乱写乱画，不要在标封区填写无关的内容。

	一	二	总 分
得 分			

得 分	
评分人	

一、判断题（第 1 题 ~ 第 30 题。将判断结果填入括号中。正确的填“√”，错误的填“×”。每题 1 分，满分 30 分）

1. 遵章守法是船员职业道德守则最基本的要求。（ ）

2. 锚设备除了锚泊之用外，还能辅助船舶靠离码头、系离浮筒、编解船队、掉头、避碰、海难救助以及脱浅等作业。（ ）

3. 为保持船舶航向而频繁操舵会影响船舶前进速度。（ ）

4. 在同一种金属内部，由于含有杂质或组织不均匀存在电位差而产生腐蚀。（ ）

5. 涂料中的体质颜料可以阻止日光和红外线的穿透，对涂层起保护作用。（ ）

6. 调配水泥堵漏时，应加入 1% 的盐或苏打，其目的是使水泥凝固后结实不裂。（ ）

7．内河船舶由于尺度小，隔舱少，一般发生破舱进水时，多采取就近搁浅的原则，同时进行堵漏。（　）

8．应变职务备忘卡的内容应由船员本人填写。（　）

9．内河船用甚高频无线电话主要用于船舶进出港口联系、船舶与沿航线标站联系、应急呼救等。（　）

10．水尺标志应在船艏、艉、舯左右两舷勘画。（　）

11．《海规》适用对象是：在公海和连接于公海而可供海船航行的一切水域中的一切海船。（　）

12．船舶靠码头时，后倒缆的作用是不使船舶前移。（　）

13．船舶离泊时使用艏、艉倒缆应注意保证缆绳有足够的长度。（　）

14．顺流靠泊船，开尾驶离角太大，可能使船身打横，导致船舶失控。（　）

15．航道标准宽度是指在设计最低通航水位时，设计代表船型或船队满载吃水航行所需的航道最小宽度。（　）

16．剩余高度（或称安全系数）数值是根据架空跨河建筑物的净空高度大小规定的。（　）

17．主流两侧流速较缓的水流都称缓流。（　）

18．如果不考虑潮龄，则大潮发生的时间通常在农历朔（初一）和望时（十五）。（　）

19．入海河口转流规律是凸岸比凹岸先转流，水面比河底先转流。（　）

20．船舶在前进中，风从正横后吹来时，使船艉顺风偏，船艏逆风偏。（　）

21．台风对我国影响主要来自北太平洋西部，即菲律宾以东洋面、关岛附近和南海中部洋面。（　）

22．船舶在雷暴雨天气航行时，可以鸣放雾号，引起他船注意。（　）

23．寒潮冷锋过境时，上海地区的气压和温度都急剧下降。（　）

24．航路是指在航道中所选择的航行路线，其选择正确与否，关键是看是否符合河流客观规律或有关规定。（　）

25．吊向点是船舶保持定向航行时，船艏前方的显著物标。（　）

26．在船舶避让关系上，对驶相遇体现了上行船应当避让下行船；逆流船应当避让顺流船；单船应当避让船队；“禁会等让”的避让原则。（　）

27．冷空气流经暖水面时，由于水温高于气温，水面不断蒸发水汽进入低层而形成的雾称为平流雾。（　）

28．夜航时，驾驶室只能采取不耀眼的白色弱光。（　　）

29．溢到水域的油，对厚度较大的、成片的溢油，尽可能围控并尽快回收。（　　）

30．靠泊前与码头现场调度联系，确定泊位，观察泊位环境，控制余速，掌握风流情况，确定靠泊方案。（　　）

得　分	
评分人	

二、单项选择题（第1题～第70题。选择一个正确的答案，将相应的字母填入题内的括号中。每题1分，满分70分）

1．船员职业道德的具体体现是（　　）。

A．爱岗敬业　　B．遵章守法

C．安全运营　　D．爱岗敬业、遵章守法、安全运营

2．船员职业道德要求需要通过（　　）培养。

A．职业感情　　B．职业责任

C．职业规范　　D．职业感情、职业责任、职业规范

3．大抓力锚的特点，错误的是（　　）。

A．锚爪宽而长　　B．稳定性好　　C．抓力较大　　D．收藏不便

4．霍尔锚的突出缺点是（　　）。

A．抓力小　　B．使用方便　　C．便于收藏　　D．结构较简单

5．船上的液压舵设备应（　　）个月进行一次全面的检查和保养。

A．12　　B．3　　C．9　　D．7

6．内河船舶由于航道原因和经常作业，对船舶的（　　）要求较高。

A．回转性　　B．稳定性　　C．稳性　　D．旋转性

7．对小面积的局部锈，可采用（　　）方法除锈。

A．机械除锈　　B．喷射除锈　　C．高压水除锈　　D．手工除锈

8．除锈后应立即（　　）。

A．冲洗　　B．用布块擦亮　　C．覆盖　　D．涂漆

9．油漆中的颜料可分为（　　）。

A．红色、黄色、蓝色　　B．红色、防锈、体质

C．着色、防锈、防水　　D．着色、防锈、体质

10．调配色比时，（　　）为基色。

A．红、白、黑　　B．红、黄、绿

C．红、黄、蓝　　D．红、黑、蓝

11．堵漏盒一般用在（　　）。

A．在较大卷边破洞　　B．船壳裂口有突出物处

C．用木塞后仍有不规则缝孔处　　D．以上都适用

12．堵漏器材的保管，应注意（　　）。

A．存放规定地点

B．专人保管，不移作他用

C．橡胶垫不要放在高温处，防变质脆化

D．A＋B＋C

13．堵漏器材的保管，应注意（　　）。

A．专人保管，不移作他用

B．木楔要放在温度高或潮湿的地方

C．水泥应放在潮湿的地方

D．木塞要放在温度高或潮湿的地方

14．船上配备堵漏用的水泥应存放在空气流通、干燥的地方，并应每（　　）个月检查一次。

A．3　　B．6　　C．12　　D．24

15．应变部署表经批准后，除由大副及各救生艇艇长存查一份外，必须在（　　）公布。

A．旅客舱　　B．甲板　　C．尾部　　D．货舱

16．为了有助于控制火势蔓延，驾驶台应下令（　　）。

A．加速航行至安全水域

B．停车漂泊

C．抛锚

D．减速停车，并操纵船舶使失火部位处于下风位置

17．甚高频的频率范围为（　　）MHz。

A．10～100　　B．20～200　　C．30～300　　D．50～500

18．影响甚高频电话作用距离的因素，错误的有（　　）。

A．发射功率　　B．音量　　C．天线高度　　D．气候

19. 在干舷甲板边顶平面以下76 mm处绘制的一条平行于干舷甲板边线的曲线称为安全限界线，表示（　　）。

A. 船舶装载时的吃水限界线

B. 船舶横倾时的吃水限界线

C. 凡在安全限界线以下状态的船舶都可认为是安全的

D. 船舱破损进水后的吃水限界线

20. 对航行于数级航区的船舶，在计算船舶性能时，该船的满载水线应以（　　）为准。

A. 最高一级航区　　B. 最低一级航区

C. 任意一级航区　　D. 视具体船舶而定

21.《海规》的适用范围是（　　）。

A. 公海和可供海船航行的一切水域中的一切船舶

B. 公海和可供船舶航行的一切水域中的一切船舶

C. 公海和连接于公海而可供海船航行的一切水域中的一切船舶

D. 公海和连接于公海而可供海船航行的一切水域中的一切船舶及排筏

22.《海规》的适用对象是（　　）。

A. 一切船舶

B. 一切船舶及排筏

C. 在《海规》的适用水域中的一切船舶

D. 在《海规》的适用水域中的一切船舶及排筏

23. 河船驶靠码头，尾缆的主要作用是防止船舶（　　）。

A. 前移　　B. 后移　　C. 外移　　D. 内移

24. 因长时间摩擦，会出现粘合焦黑现象的缆绳是（　　）条。

A. 尼龙绳　　B. 维尼龙绳　　C. 涤纶绳　　D. 乙纶绳

25. 钢丝绳二四起头法在起头前，应将6股钢丝绳分为（　　）。

A. 二股在上，四股在下　　B. 四股在上，二股在下

C. 三股在上，三股在下　　D. 五股在上，一股在下

26. 尾部出缆先后顺序，视以下具体条件而定：（　　）。

A. 船舶重载，顶流较强时，应先带尾缆，然后带横缆及尾倒缆

B. 若顶流较弱，而风从尾来，则以先带尾缆为妥

C. 船舶空载，吹拢风强时，宜先带尾缆，并尽快收紧

D. 船舶重载，尾部来流较强时，应先带首缆，然后带横缆及尾倒缆

27. 一般船舶的靠泊操纵要领是（　　）。

A. 控制抵泊余速

B. 选好横距

C. 调整好靠拢角

D. 控制抵泊余速、选好横距、调整好靠拢角

28. 船舶在以风的影响为主的静水港内靠泊时，一般情况下（　　）为宜，并保持（　　）风舷角为宜。

A. 横风靠，较大　　　　B. 顶风靠，较小

C. 顺风靠，较大　　　　D. 开风靠，较小

29. 从航运的角度出发，净空高度是指（　　）的垂直距离。

A. 过河建筑物下缘最低点至当地零水位面

B. 过河建筑物下缘最低点至绝对零水位面

C. 桥梁下缘最低点至设计最高水位面

D. 桥梁下缘最低点至绝对零水位面

30. 制定航道标准宽度时，应考虑的因素包括（　　）。

A. 水流形态　　　　B. 航道形态

C. 气象情况　　　　D. 水流形态、航道形态、气象情况

31. 若某大桥的净空高度为30 m，当时当地的水位6 m，剩余高度为2 m，则该桥梁的水面通航高度应为（　　）m。

A. 38　　B. 22　　C. 30　　D. 8

32. 从航运的角度出发，净空高度是指（　　）的垂直距离。

A. 过河建筑物下缘最低点至当地零水位面

B. 过河建筑物下缘最低点至绝对零水位面

C. 桥梁下缘最低点至设计最高水位面

D. 桥梁下缘最低点至绝对零水位面

33. 天然河流中的水流运动都是以（　　）状态出现的。

A. 层流　　B. 紊流　　C. 乱流　　D. 湍流

34. 河槽中的水流方向与（　　）无关。

A. 河槽形态　　B. 河底地形　　C. 水位　　D. 船舶航向

35. 潮位在一个涨落周期内，相邻的高潮与低潮位之差称为（　　）。

A．潮高　B．潮升　C．潮差　D．潮龄

36．两相邻的高潮和低潮的高度差称为（　）。

A．落潮　B．涨潮　C．潮高　D．潮差

37．船舶在入海河口航行，应熟悉航道，熟知航标特征及各标间的（　）。

A．航向、航程　B．发光形式　C．发光颜色　D．相对位置

38．关于入海河口，（　）的说法不正确。

A．航道远离岸线可利用的岸标较少　B．受风影响大但锚泊条件好

C．容易受雾的影响　D．容易迷失方向

39．我国受台风影响较大的地区有（　）。

A．东海及渤海湾一带　B．西北及西南大部

C．华北及华中地区　D．东部沿海和南部沿海

40．天气预报中的风力等级是按（　）确定的。

A．阵风风速　B．瞬时风速　C．平均风速　D．最大风速

41．关于辐射雾的特点，下列说法不正确的是（　）。

A．辐射雾一年四季都能产生

B．辐射雾有明显的日变化

C．晴天是产生辐射雾的有利条件

D．辐射雾冬季消散快，夏季消散慢

42．雾形成的条件是（　）。

A．近地面或水面的低层空气达到饱和状态，空气中有吸湿性的凝结核存在

B．空气中有够饱和的凝结核存在

C．空气中有潮湿的凝结核存在

D．当干湿球温度表读数差值越大时

43．雷暴雨天气多发生在（　）。

A．炎热的夏季　B．寒冷的冬季

C．温和的春季　D．秋末冬初

44．船舶突遇雷暴雨天气时，下列做法不正确的是（　）。

A．鸣放雾航声号　B．加车迅速驶往锚地抛锚

C．开启雷达、VHF　D．必要时停车淌航

45．寒潮冷锋到达时，气压剧烈（　），气温降低，湿度（　）。

A．降低，降低　B．升高，降低

C. 升高，升高　　D. 降低，升高

46. 寒潮的标准是：一次冷空气活动，使气温在24h以内下降（　　）℃以上，同时最低温度在（　　）℃以下。

A. 10　10　　B. 5　10　　C. 10　5　　D. 5　5

47. 船舶顺流航行，在选择航路应尽可能做到（　　）。

A. 将航路选择在定向航行距离长的主流位置

B. 多做折线航行

C. 增加用舵次数和降低船舶阻力

D. 少做直线航行

48. 船舶顺流航行时应充分利用流速以提高航速，因此航路选择尽量在（　　）。

A. 主流范围内、航道中央　　B. 缓流范围内

C. 航道一侧　　D. 主流外侧

49. 转向点、吊向点或过河点的物标，应（　　）。

A. 轮廓清楚、色泽明显

B. 容易辨认

C. 最好能在夜间发挥作用

D. 轮廓清楚、色泽明显、容易辨认，最好能在夜间发挥作用

50. 下列说法中，不正确的是（　　）。

A. 所谓的下行船“抓主流，走主流”是指在任何航道上的下行船都应走主流

B. 吊向点是指船舶在保持定向航行时船首方的显著目标

C. 船舶首尾线平行或接近平行计划航线时，即为顺向

D. 一个优秀的驾驶员不仅要会引航，更主要的是会正确避让各种船舶

51. 内河的船舶航路，可分为（　　）。

A. 顺、逆流航路

B. 过河航路

C. 规定航路与推荐航路

D. 顺、逆流航路，过河航路，规定航路与推荐航路

52. 逆流航路的选择，其基本原则是沿缓流或航道一侧行驶，俗称（　　）。

A. 找主流，丢主流　　B. 找主流，跟主流

C. 找缓流，走主流　　D. 找缓流，走缓流

53. 船舶雾天航行，如备有雷达，应将雷达开启，派专人进行（　　）随时报告情况。

A．观看　　B．系统观测　　C．守候　　D．分析

54．船舶在雾中航行，除应按照雾中航行要点进行操作外，驾驶人员还应做到（　　）。

A．加强瞭望　　B．安全航速

C．开启助航仪器　　D．加强瞭望、安全航速、开启助航仪器

55．夜间引航前应该注意（　　）。

A．熟知将要经过河段的航道情况

B．熟记航向和航标

C．接班前应于黑暗处闭眼停留片刻

D．熟知将要经过河段的航道情况，熟记航向和航标，接班前应于黑暗处闭眼停留片刻

56．船舶一旦发生溢油事故，应（　　）做出应急反应，控制和清除溢油，将损失和危害减少到最低限度。

A．迅速　　B．及时　　C．有序　　D．迅速、及时、有序

57．溢油应急防止围控应采用（　　）围油栏。

A．固定浮子式　　B．充气式　　C．超轻型　　D．泡沫式

58．船舶靠码头过程中控制余速的关键时刻是（　　）。

A．船艏抵泊位正中　　B．船艏抵泊位后端

C．抛外挡锚　　D．使用倒车的时刻

59．（　　）是指迅速将可燃物与火焰分隔开来，把火控制在一定范围内。

A．隔离法　　B．冷却法　　C．窒息法　　D．化学中断法

60．作业船信号灯及生活用电为直流（　　）V 安全电压。

A．48　　B．36　　C．24　　D．12

61．船舶靠离环卫专用码头时应尽量采用（　　）方式操作，避免触损码头设施。

A．开首　　B．开尾　　C．横移　　D．利用风流

62．下列有关大副的行政管理主要职责，叙述正确的是（　　）。

A．大副为全船负责人　　B．负责全船的安全生产

C．负责船员、旅客的生活管理　　D．负责全船的人事管理

63．下列有关大副技术业务职责，叙述错误的是（　　）。

A．航行中轮流值班，负责引航、驾驶操作

B．对本班的航行安全负全部责任

C. 在中途港（站）进行靠离码头、编解队操作

D. 严格执行有关引航地段分工规定和分段开车规定，督促值班人员认真履行其值班职责

64. 船舶靠、离泊时在船尾指挥和观察报告的是（　　）。

A. 大副　　B. 二副　　C. 三副　　D. 值班驾驶员

65. 下列有关二副航行值班职责，叙述错误的是（　　）。

A. 航行中轮流值班，负责驾驶、引航，对航行安全负责

B. 在中途港（站）进行靠离码头、编解队操作

C. 船舶在特殊，二副的引航职责应有所限制

D. 危险航段航行时，二副的引航职责应有所限制

66. 接班驾驶员，接班时应（　　）。

A. 对本船的船位有清醒的认识

B. 证实预定的航向和航速

C. 注意在上一班次值班期间可能遇到的任何航行危险

D. 对本船的船位有清醒的认识、证实预定的航向和航速、注意在上一班次值班期间可能遇到的任何航行危险

67. 交接班时如对交接事项有所疑虑时，应（　　）。

A. 失实行交接，再自行解决疑虑　　B. 拒不交接

C. 报告船长，交给船长解决　　D. 暂不交接，待弄清情况再交接

68. 大副停泊值班的具体职责主要包括（　　）。

A. 负责检查开航工作

B. 注意码头情况

C. 检查值班、护船人员是否在岗、在船

D. 负责召开航前会议

69. 二副负责货物装卸的安全管理的具体工作职责是（　　）。

A. 根据货舱布置、货种流向，审查积载图（表），合理装卸

B. 适当超高、超载

C. 掌握调整人员

D. 调整稳性

70. 船舶靠泊码头，连接岸电时作业人员应戴好（　　）。

A. 工作手套　　B. 帆布手套　　C. 橡胶手套　　D. 绝缘专用手套

船舶驾驶员（环卫）（五级）理论知识试卷答案

一、判断题（第 1 题 ~ 第 30 题。将判断结果填入括号中。正确的填“√”，错误的填“×”。每题 1 分，满分 30 分）

1. √	2. √	3. √	4. √	5. ×	6. ×
7. √	8. ×	9. √	10. √	11. ×	12. ×
13. ×	14. √	15. √	16. ×	17. √	18. √
19. ×	20. √	21. √	22. √	23. ×	24. √
25. √	26. √	27. ×	28. ×	29. √	30. √

二、单项选择题（第 1 题 ~ 第 70 题。选择一个正确的答案，将相应的字母填入题内的括号中。每题 1 分，满分 70 分）

1. D	2. D	3. D	4. A	5. B	6. A	7. D	8. D
9. C	10. C	11. D	12. D	13. A	14. B	15. A	16. D
17. C	18. B	19. D	20. A	21. C	22. C	23. A	24. D
25. B	26. B	27. D	28. B	29. A	30. D	31. B	32. A
33. B	34. D	35. C	36. D	37. A	38. B	39. D	40. C
41. D	42. C	43. A	44. B	45. B	46. C	47. A	48. A
49. D	50. A	51. D	52. A	53. B	54. D	55. D	56. D
57. B	58. B	59. A	60. C	61. C	62. C	63. C	64. B
65. B	66. D	67. D	68. C	69. A	70. D		

操作技能考核模拟试卷

注 意 事 项

1. 考生根据操作技能考核通知单中所列的试题做好考核准备。

2. 请考生仔细阅读试题单中具体考核内容和要求，并按要求完成操作或进行笔答或口答，若有笔答请考生在答题卷上完成。

3. 操作技能考核时要遵守考场纪律，服从考场管理人员指挥，以保证考核安全顺利进行。

注：操作技能鉴定试题评分表及答案是考评员对考生考核过程及考核结果的评分记录表，也是评分依据。

国家职业资格鉴定
船舶驾驶员（环卫）（五级）操作技能考核通知单

姓名：

准考证号：

考核日期：

试题1

试题代码：1.1.1。

试题名称：驶靠前的准备。

考核时间：30 min。

配分：35 分。

试题2

试题代码：1.2.1。

试题名称：大风来临时采取相应的措施。

考核时间：20 min。

配分：25 分。

试题 3

试题代码：2. 1. 1。

试题名称：各种小型漏洞的堵漏法。

考核时间：20 min。

配分：25 分。

试题 4

试题代码：3. 1. 1。

试题名称：套缆。

考核时间：20 min。

配分：15 分。

船舶驾驶员（环卫）（五级）操作技能鉴定试题单（操作类）

试题代码：1.1.1。

试题名称：驶靠前的准备。

考核时间：30 min。

1. 操作条件

（1）适航 360 t 机动船 1 艘。

（2）航行日志 1 本。

2. 操作内容

（1）显示、鸣放信号情况。

（2）对周围环境观察。

（3）驶靠前各带缆设备准备。

（4）驶靠角掌握。

3. 操作要求

（1）显示信号正确，鸣放声号规范。

（2）对周围环境观察全面。

（3）驶靠前对带缆设备、人员检查到位。

（4）驶靠前角度掌握合理。

船舶驾驶员（环卫）（五级）操作技能鉴定试题评分表及答案

考生姓名：　　　　　　　　　　　　准考证号：

1．评分表

试题代码及名称		1.1.1 驶靠前的准备			考核时间				30 min	
评价要素		配分	等级	评分细则	评定等级					得分
					A	B	C	D	E	
1	驶靠前基本要领（声号、周围环境、检查设备、驶靠方法）	15	A	驶靠前基本要领完全正确						
			B	驶靠前基本要领一项错误						
			C	驶靠前基本要领二项错误						
			D	驶靠前基本要领三项以上错误或存在碰撞危险						
			E	未答题						
2	驶靠前准备工作（声号、周围环境、检查设备、驶靠方法）	10	A	驶靠前准备工作正确						
			B	驶靠前准备工作一项错误						
			C	驶靠前准备工作二项错误						
			D	驶靠前准备工作三项以上错误						
			E	未答题						
3	驶靠前所具备的条件（声号、周围环境、检查设备、驶靠方法）	10	A	驶靠前所具备的条件正确						
			B	驶靠前所具备的条件一项错误						
			C	驶靠前所具备的条件二项错误						
			D	驶靠前所具备的条件三项以上错误						
			E	未答题						
合计配分		35	合计得分							

考评员（签名）：

等级	A（优）	B（良）	C（及格）	D（差）	E（未答题）
比值	1.0	0.8	0.6	0.2	0

2. **参考答案**

操作流程如下：

（1）鸣放二长声声号（4 ~ 6 s）。

（2）了解判别码头水深、泊位环境及周围船舶动态。

（3）驶靠前对人员系缆设备的检查确认。

（4）合理选择驶靠方法。

船舶驾驶员（环卫）（五级）操作技能鉴定试题单（笔试类）

试题代码：1.2.1。

试题名称：大风来临时采取相应的措施。

考核时间：20 min。

1. 背景资料

船舶驾驶员在航行中一旦遭遇大风浪时，势必造成操纵困难，严重时甚至会影响航行安全，因此在遇到大风浪来临前必须做好相应的检查工作，根据风浪规律，采取正确的操纵措施以达到安全航行的目的。

2. 试题

(1) 大风浪来临前对甲板有哪些检查?

(2) 大风浪来临前对水密系统有哪些要求?

(3) 大风浪来临前对易滚动部件有哪些要求?

(4) 大风浪来临前对机舱有哪些要求?

船舶驾驶员（环卫）（五级）操作技能鉴定试题评分表及答案

考生姓名：　　　　　　　　　　　　准考证号：

1．评分表

<table>
<tr><td colspan="2">试题代码及名称</td><td colspan="3">1.2.1 大风来临时采取的相应措施</td><td colspan="3">考核时间</td><td colspan="3">20 min</td></tr>
<tr><td colspan="2" rowspan="2">评价要素</td><td rowspan="2">配分</td><td rowspan="2">等级</td><td rowspan="2">评分细则</td><td colspan="5">评定等级</td><td rowspan="2">得分</td></tr>
<tr><td>A</td><td>B</td><td>C</td><td>D</td><td>E</td></tr>
<tr><td rowspan="5">1</td><td rowspan="5">大风来临时的采取的措施</td><td rowspan="5">25</td><td>A</td><td>按试题要求写出大风来临时的采取的措施</td><td rowspan="5"></td><td rowspan="5"></td><td rowspan="5"></td><td rowspan="5"></td><td rowspan="5"></td><td rowspan="5"></td></tr>
<tr><td>B</td><td>按试题要求写出大风来临时的采取的措施缺一项</td></tr>
<tr><td>C</td><td>按试题要求写出大风来临时的采取的措施缺二项</td></tr>
<tr><td>D</td><td>按试题要求写出大风来临时的采取的措施缺三项以上</td></tr>
<tr><td>E</td><td>未答题</td></tr>
<tr><td colspan="2">合计配分</td><td>25</td><td colspan="7">合计得分</td><td></td></tr>
</table>

考评员（签名）：

等级	A（优）	B（良）	C（及格）	D（差）	E（未答题）
比值	1.0	0.8	0.6	0.2	0

2．参考答案

大风来临时，应采取相应的措施，具体如下：

（1）认真做好甲板各排水孔检查保持畅通，确保甲板上浪后积水能及时排出。

（2）对水密门窗进行检查关闭。

（3）对易滚动部件进行固定和绑扎。

（4）备车，各排水系统处于随时开启状态。

船舶驾驶员（环卫）（五级）操作技能鉴定试题单（操作类）

试题代码：2.1.1。

试题名称：各种小型漏洞的堵漏法。

考核时间：20 min。

1. 操作条件

（1）操作场地1间。

（2）堵漏木塞（5～150 mm）。

（3）榔头5把，棉絮5 kg。

2. 操作内容

堵漏作业。

3. 操作要求

（1）人员到位检查漏水方位。

（2）确定堵漏方案。

船舶驾驶员（环卫）（五级）操作技能鉴定试题评分表及答案

考生姓名： 准考证号：

1．评分表

<table>
<tr><td colspan="2">试题代码及名称</td><td colspan="3">2.1.1 各种小型漏洞的堵漏法</td><td colspan="3">考核时间</td><td colspan="3">20 min</td></tr>
<tr><td colspan="2" rowspan="2">评价要素</td><td rowspan="2">配分</td><td rowspan="2">等级</td><td rowspan="2">评分细则</td><td colspan="5">评定等级</td><td rowspan="2">得分</td></tr>
<tr><td>A</td><td>B</td><td>C</td><td>D</td><td>E</td></tr>
<tr><td rowspan="5">1</td><td rowspan="5">小型漏洞堵漏（选材正确、坚固、堵漏盒紧贴洞口、不漏水）</td><td rowspan="5">25</td><td>A</td><td>正确完成小型漏洞堵漏</td><td rowspan="5"></td><td rowspan="5"></td><td rowspan="5"></td><td rowspan="5"></td><td rowspan="5"></td><td rowspan="5"></td></tr>
<tr><td>B</td><td>小型漏洞堵漏错误一项</td></tr>
<tr><td>C</td><td>小型漏洞堵漏错误二项</td></tr>
<tr><td>D</td><td>小型漏洞堵漏错误三项以上</td></tr>
<tr><td>E</td><td>未答题</td></tr>
<tr><td colspan="2">合计配分</td><td>25</td><td colspan="7">合计得分</td><td></td></tr>
</table>

考评员（签名）：

等级	A（优）	B（良）	C（及格）	D（差）	E（未答题）
比值	1.0	0.8	0.6	0.2	0

2．参考答案

（1）堵塞坚固。

（2）完工后不漏水。

船舶驾驶员（环卫）（五级）操作技能鉴定试题单（操作类）

试题代码：3. 1. 1。

试题名称：套缆。

考核时间：20 min。

1．操作条件

（1）操作场地 1 间。

（2）缆绳 1 根，直径 28 mm、长 20 m。

2．操作内容

套缆作业。

3．操作要求

（1）1. 5 m、2 m、2. 5 m、3 m、3. 5 m。

（2）第一次未套进，可套第二次（每档）。

（3）3 次为限。

船舶驾驶员（环卫）（五级）操作技能鉴定试题评分表及答案

考生姓名：　　　　　　　　　　　　　　准考证号：

评分表

<table>
<tr><td colspan="2">试题代码及名称</td><td colspan="3">3.1.1 套缆</td><td colspan="4">考核时间</td><td colspan="2">20 min</td></tr>
<tr><td colspan="2" rowspan="2">评价要素</td><td rowspan="2">配分</td><td rowspan="2">等级</td><td rowspan="2">评分细则</td><td colspan="5">评定等级</td><td rowspan="2">得分</td></tr>
<tr><td>A</td><td>B</td><td>C</td><td>D</td><td>E</td></tr>
<tr><td rowspan="5">1</td><td rowspan="5">套缆</td><td rowspan="5">15</td><td>A</td><td>套进 3.5 m</td><td rowspan="5"></td><td rowspan="5"></td><td rowspan="5"></td><td rowspan="5"></td><td rowspan="5"></td><td rowspan="5"></td></tr>
<tr><td>B</td><td>套进 3 m</td></tr>
<tr><td>C</td><td>套进 2.5 m</td></tr>
<tr><td>D</td><td>套进 2 m</td></tr>
<tr><td>E</td><td>未答题</td></tr>
<tr><td colspan="2">合计配分</td><td>15</td><td colspan="7">合计得分</td><td></td></tr>
</table>

考评员（签名）：

等级	A（优）	B（良）	C（及格）	D（差）	E（未答题）
比值	1.0	0.8	0.6	0.2	0